SECESJA

PETR WITTLICH

SECESJA
SZTUKA I ŻYCIE

Z CZESKIEGO PRZEŁOŻYŁ ANDRZEJ BOROWIECKI

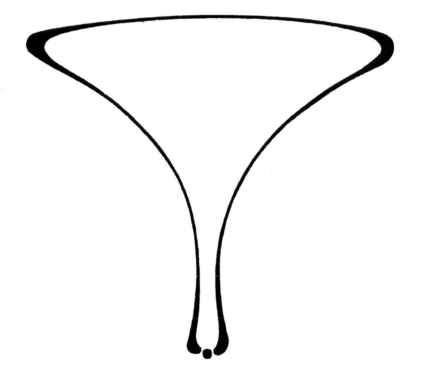

WYDAWNICTWA ARTYSTYCZNE I FILMOWE
WARSZAWA 1987

Tytuł oryginału: Petr Wittlich Umění
a život — doba secese
*Opracowanie graficzne, okładka
i obwoluta Milan Grygar
Redaktor Anna Gogut
Redakcja techniczna
Wacława Kołodziejska
Fotografie według wydania czeskiego*

ISBN 83-221-0427-8
Printed in Czechoslovakia
by Naše vojsko
2/99/71/72-01

William Morris *Flora*

Alfons Mucha, plakat *Księżniczka Hyacinta*,
1911

Alfons Mucha, plakat *Księżniczka Hyacinta*,
fragment

SPIS TREŚCI

SZTUKA I ŻYCIE

Druga połowa XIX wieku była okresem, w którym wykształciły się te podstawowe cechy i ideały ładu społecznego oraz te kierunki rozwoju technicznego, które do dzisiaj łączymy z pojęciem nowoczesnego stylu życia. Od żarówki po wojnę domową, od wiecznego pióra po powszechne prawo do głosowania, od telefonu do pierwszej międzynarodowej konferencji rozbrojeniowej, prawie wszystko to, co było związane z polityką i sprawami życia codziennego, co służyło niezwykłej koncentracji mieszkańców kuli ziemskiej w dużych miastach i wzrastającemu indywidualnemu zapotrzebowaniu na komfort życia powstało w tych latach dynamicznego rozwoju ludzkiej cywilizacji.

Wtedy nastąpiło wielkie przemieszczanie się ludności z prowincji do dużych miast, od tradycyjnej pracy w rolnictwie do masowej produkcji w fabrykach oraz do pracy w trzeciej sferze — ekonomicznej. Fale migracji przelewały się przez granice państw aż do odległych krajów Ameryki i innych części świata. Wiązał się z tym błyskawiczny rozwój komunikacji i środków przekazu informacji. Kolej dla większości społeczeństwa stała się nieodzowna, a pod koniec wieku potrzeba szybkiego poruszania i przemieszczania się doprowadziła do nowych wynalazków i ich udoskonalania — od roweru przez automobil do pierwszych samolotów. Opinia publiczna uznała dziennikarstwo swą królową, zaś powiązania z politycznym systemem partyjnym prowadziły je tak do rozkwitu jak i ku nie znanym dotychczas formom walki ideologicznej.

Człowiek ówczesny niezależnie od swej przynależności do warstw uprzywilejowanych, stanu średniego czy prole-

1. Edouard Manet *Widok Wystawy Światowej w roku 1867*, 1867

tariatu odczuwał już intensywne przyspieszenie tempa życia, zarówno w sensie fizycznym jak i psychicznym. Ludzie przejawiali silną potrzebę zrzeszania się, ale tak samo silnie występowało dążenie do indywidualnego samookreślania. Partie polityczne, najróżniejsze zrzeszenia i stowarzyszenia, podobnie jak i liczne wybitne jednostki, które wyłoniły się we wszystkich dziedzinach publicznego, gospodarczego, naukowego i kulturalnego życia, stały się siłą społeczną.

Nieprawdopodobnie skomplikowana i jakby samoistnie rozrastająca się działalność narodów, grup społecznych i jednostek, pobudzana ówczesną ideologią kapitalistycznej wolnej konkurencji, znalazła swoje odbicie na wystawach światowych. Wystawy te, organizowane od roku 1851 co kilka lat w najbardziej rozwiniętych krajach, były przeglądami osiągnięć, a jednocześnie stanowiły sensację odpowiadającą mentalności ówczesnego człowieka. W obrazie *Widok Wystawy Światowej w roku 1867* Manet przedstawiając demokratyczne zbiorowisko najróżniejszych typów ludzkich, którego miejscem była wystawa, utrwalił panujący tam nastrój ożywienia, niepokoju i ciekwości nowego.

Przyspieszone tempo życia w tym czasie stało się wyzwaniem dla ówczesnej sztuki. Kiedyś, w średniowieczu, twórca był spokojnym rzemieślnikiem, spełniającym to, czego od niego żadał Kościół czy władca. W dobie renesansu malarze, rzeźbiarze, graficy, złotnicy i architekci wspięli się na wyższy szczebel drabiny społecznej, stali się dworzanami. W swej zindywidualizowanej twórczości dążyli do realizacji zaszczytnego klasycznego hasła: *ut pictura poesis* — abyś malował poezję, stając się poetami pędzla i dłuta. Wspierane przez monarchów i wielkich dostojników akademie i stowarzyszenia artystów wypracowały model „uczonego twórcy", świetnie wyszkolonego, zdolnego znakomicie sławić idealne wartości feudalnej, arystokratycznej władzy.

Demokratyzacja życia w XIX wieku skomplikowała sytuację artystów rozbudzając wątpliwości odnośnie samego posłannictwa sztuki. Akademickie prawidła i nawyki zaczęły ustępować przed życiem, które wraz z większą swobodą niosło najcenniejsze dobro — wolność twórczą. Jego siła przyciągania była tak potężna, że stare łacińskie hasło zostało zastąpione nowym — „abyś malował życie". Z czasem okazało się, że „malowanie życia" nie musi łączyć się z odejściem od poezji. Jedynie monotonną już formę heksametru zastąpiono wolnym wierszem. Zanim ta zmiana została uznana, wielbiciele akademickich wawrzynów toczyli zażarte walki z „ekscentrycznymi wichrzycielami" urzeczonymi zagadką życia.

Tych, którzy zeszli na niepewną ścieżkę nowoczesnej sztuki z początku nie było wielu. Ich próby nie znajdowały uznania społeczeństwa i krytyki, a ich pewność siebie wynikała jedynie z uporu i zawziętości. Aby zrozumieć podstawy tego, co miało się po latach zmienić w zwycięski ruch kulturalny, musimy szczegółowo i z cierpliwością wejrzeć w obrazy tych twórców. Jak w pierwszej żarówce było już w pełni zawarte dobrodziejstwo sztucznego światła, tak dzieła te stały się artystycznymi wzorami, wyrażającymi osobiste emocje i wielkość ducha nowoczesności.

W roku 1868, podczas wakacyjnego pobytu nad morzem, francuski malarz Édouard Manet zaczął malować obraz, który został nazwany *Śniadanie w pracowni*. W następnym roku ukończył dzieło i wraz ze swym innym obrazem *Balkon*, wystawił je na Salonie, będącym oficjalnym przeglądem sztuk plastycznych. *Śniadanie w pracowni* utrwala spokojną chwilę po skończeniu posiłku, którego pozostałości znajdują się jeszcze na biało nakrytym stole, chwilę, kiedy podaje się kawę.

Przy stole znajdują się trzy osoby. Największą uwagę zwraca młodzian opierający się o krawędź stołu. Jest to portret Léona-Edouarda Koëlla, nieślubnego syna Maneta. Dalsze dwie osoby zostały oddane już mniej wyraziście. Po prawej stronie w szarym cylindrze siedzi mężczyzna palący cygaro, po lewej stronie stoi służąca z błyszczącym dzbankiem do kawy.

Wnętrze pokoju utrzymane jest w szarych, stonowanych barwach z wyjątkiem białej doniczki z fikusem, pomalowanej w barwne ptaki, malarsko harmonizującej z martwą naturą na stole. W głębi można jeszcze dostrzec rozwieszoną na ścianie mapę i zamknięte okno. Stojący z przodu po lewej stronie pluszowy czerwony fotel z rozłożonymi na nim rekwizytami przydatnymi przy malowaniu historycznych obrazów stanowi jedyny element wskazujący, że wnętrze jest pracownią artysty. Na fotelu leży broń — hełm burgundzki z XVI wieku, kord, turecka szabla i arabski kindżał, a obok siedzi liżąc futro czarna kotka, którą Manet chętnie malował i na innych płótnach.

Obraz ukazuje zwykły epizod z życia, uchwycenie bieżącej, codziennej sytuacji. A jednak ileż w nim jest zawartych treści! Przede wszystkim tych najbardziej osobistych, jak choćby tożsamość młodzieńca. Dzięki tej postaci obraz staje się portretem. Także pozostałe osoby i przedmioty grają swoje role. Niewątpliwie ta trójka osób przedstawia to własne, „domowe życie" Maneta, które do śmierci ojca musiał utrzymywać w tajemnicy, gdyż burżuazyjna moralność jego warstwy społecznej nie tolerowała mezaliansu. Dlatego też syn malarza uchodził za dziecko Holenderki Leenhof, pomiędzy córką której i Manetem doszło do bliższej zażyłości z okazji lekcji muzyki. Mężczyzną w cylindrze jest chyba sam malarz, a niewiastą z dzbankiem nie zwykła służąca, ale prawdziwa matka młodzieńca. Przedstawienie jej na obrazie jako służącej symbolizowałoby raczej jej dziwne koleje losu, ukrywaną opiekę nad synem, na którego na obrazie patrzy z troskliwością.

Młodzieniec, ukazany w niedbałej, swobodnej pozie, jest wprawdzie wkomponowany w scenerię konkretnej sytuacji, ale równocześnie wyłączony z niej nie tylko malarsko, lecz także psychicznie; wyrazem twarzy zaznacza izolację, jakby był „poza sobą". Na tej podstawie Gisela Hoppe wyjaśniła świat obrazu jako wyobrażenie dojrzewającego młodzieńca[1]. Według niej przedmioty po lewej stronie obrazu wyrażają dzieciństwo, zaś po prawej

2. Edouard Manet *Śniadanie w pracowni,*
1868—1869

stronie, gdzie podświadomie młodzieniec opiera rękę i ku której odwraca głowę, otwiera się przed nim rzeczywisty świat dorosłego mężczyzny. Po lewej stronie — królestwo marzycielskiej fantazji i macierzyńskiej opieki, po prawej — martwa natura śniadania promieniuje konkretnością rzeczywistych doznań. Wreszcie i zawieszona na ścianie mapa po prawej stronie może być symbolem otwartego świata podróży i poszukiwań, podczas kiedy zamknięte okno po lewej stronie zdaje się podkreślać istotę wnętrza.

Pozostałe fragmenty obrazu także mają ukryte znaczenia. Palący mężczyzna omija wzrokiem młodzieńca, spoglądając dalej, ku znajdującej się za jego plecami martwej naturze rekwizytów historycznych. Jeśli przyjmiemy, co jest bardzo prawdopodobne, że jest to Manet, to jego spojrzenie symbolizuje artystyczną przeszłość twórcy, jego epokowy odwrót od malarstwa historycznego, przejście do tematyki współczesnego życia, którego symbolem jest spokój zacisza rodzinnego podczas śniadania. Obrazy Maneta nigdy nie są tak proste i naiwne jak się pozornie wydają. Za ich spontanicznością i naturalnością zawsze ukryte jest skupienie i idea — nie konwencjonalna, ale skryta i przez to mocniejsza, tak jak wśród wydarzeń życia codziennego i czasu przemijania skryte są koleje losu.

Obraz Maneta jest więc również „realistyczną alegorią" i w tym sensie nawiązuje do wcześniejszego o przeszło dziesięć lat słynnego obrazu Gustave'a Courbeta *Pracownia malarza*. Jakież jednak występują tu różnice! Courbet zgromadził wokół siebie przedstawicieli najróżniejszych warstw społecznych. Manet przekazał historię swego osobistego i artystycznego życia, kryjąc się przy tym na drugim planie. Obraz Courbeta jest bardziej indywidualny i bardziej konkretny, a jednak wydaje się o wiele mniej osobisty.

Jeszcze większe różnice między obydwoma obrazami występują pod względem malarskim. Courbet malował w tonacji ciemnej, w niepełnym świetle. Manet operuje barwą jasną, wyrazistą,

redukującą ostrość rysunku. Jednakże w *Śniadaniu w pracowni*, w przeciwieństwie do innych jego dzieł, znaczną rolę grają odcienie szarości.

Nie tylko koloryt, ale także kompozycja obrazu Maneta z punktu widzenia ówczesnych kanonów sztuki była czymś niezwykłym i nowym. Już sam sposób, w jaki postać młodzieńca „wychodzi" z ram obrazu przez wysunięcie ku widzowi z trudnością mógł sobie torować drogę w twórczości tych czasów. Przedstawienie postaci w kadrze, nie zaś w całości, pozwoliło wyeksponować psychiczny wyraz portretowanej osoby. Jednocześnie poprzez zastosowanie wizualnego efektu wysunięcia głównej postaci Manet widocznie pragnął przybliżyć maksymalnie widza do treści obrazu.

Obrazy Maneta — słynne *Śniadanie na trawie*, wystawione na Salonie Odrzuconych w roku 1863 i *Olimpia* na Salonie w roku 1865, obrażająca swoją nagością poczucie moralności zwiedzających — były w sześćdziesiątych latach powszechnie wyśmiewane nie tylko z powodu intensywnych lokalnych barw, ale głównie z powodu „błędów kompozycji". Publiczność, która przyswoiła sobie najprostsze prawidła linearnego, perspektywicznego ukazywania przestrzeni i uważała się za w pełni przygotowaną do oceniania obrazów, wręcz z przyjemnością dopatrywała się „błędów" umniejszających wartość artysty, który tak zuchwale rościł sobie prawo do publicznego uznania. Proporcje wielkości pomiędzy malowanymi przez Maneta postaciami pierwszego, drugiego i trzeciego planu rzeczywiście nie były zgodne z tradycją. Jego *Epizod z walki byków* z martwym toreadorem na pierwszym planie, wystawiony na Salonie w roku 1864, był pod tym względem, pożądanym kąskiem dla bulwarowej prasy, która wyżywała się w dowcipach, że kiedy toreador przebudzi się, zobaczy byka w odległości sześciu mil, lub że go rozdepcze obcasem. Przeświadczenie o kłopotach Maneta z kompozycją stało się legendą, która wywierała wpływ także na przychylnych mu krytyków.

A przecież chodziło o istotną wartość, o zasadniczo zmieniający się

pogląd na charakter przestrzeni w malarstwie. Manet był nie tylko wrażliwym, upajającym się barwą człowiekiem, ale i tym, który rozmyśla, eksperymentuje a jednocześnie przez lata nie zdradza swoich prawdziwych zainteresowań, czego przykładem były choćby jego prywatne sprawy rodzinne. Początkowo wahał się, poszukiwał, czy nawet prowokował, jak na przykład w *Pijącym absynt*, który ma odwrotnie włożone buty. Nie były to jednak przypadki, ale świadome działanie, poprzez które osiągał swój cel [2]. W *Śniadaniu w pracowni* wprowadził nową kompozycję przestrzenną już bez szokujących i prowokujących ujęć.

Interesujące jest, że te nowe wartości, które umożliwiły niezwykłą, aż niemal namacalną obecność obserwującego w przedstawionej rzeczywistości, zostały osiągnięte za pomocą pewnego technicznego paradoksu: cały obraz i jego przedmioty są w efekcie potraktowane o wiele bardziej płasko, niż miało miejsce w iluzjonizmie, wypracowanym przez tak zwane malarstwo akademickie. To spłaszczenie wiąże się z pewnym odizolowaniem przedmiotów, które w płaszczyźnie obrazu są umieszczone obok siebie, lub częściowo zachodzą po przekątnych jeden za drugi, a także z nowym pojęciem koloru. Manet nie przestrzega już zasady tonowania, stworzonej przez Leonarda da Vinci, która stała się genialną propozycją dla rozwoju malarstwa europejskiego. Wykorzystanie w obrazie charakterystycznych barw lokalnych określa nowy stosunek między światłem a cieniem. Światło jest ostrzejsze, silniejsze, a cienie są bardziej korystycznie zróżnicowane.

W *Śniadaniu w pracowni* zależności te najlepiej są widoczne na czarnej marynarce Leona. Tę czerń podziwiali już współcześni Manetowi malarze, których zachwycało świetne oddanie właściwości materiału. Jeszcze ważniejszą funkcję odgrywa czerń marynarki w kolorystyce obrazu: dzięki nasyceniu barwy płaska plama czerni wysuwa się na pierwszy plan w szarej tonacji wnętrza. Jako wnikliwy realista Manet oczywiście wiedział, że trójwymiarowe przedmioty w pełnym świetle

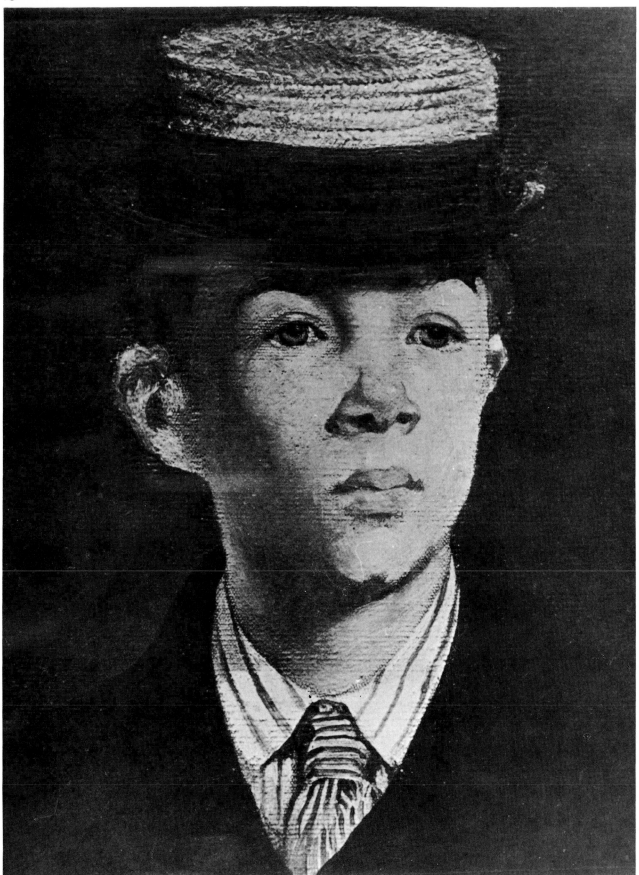

3. Edouard Manet,
Śniadanie w pracowni,
fragment

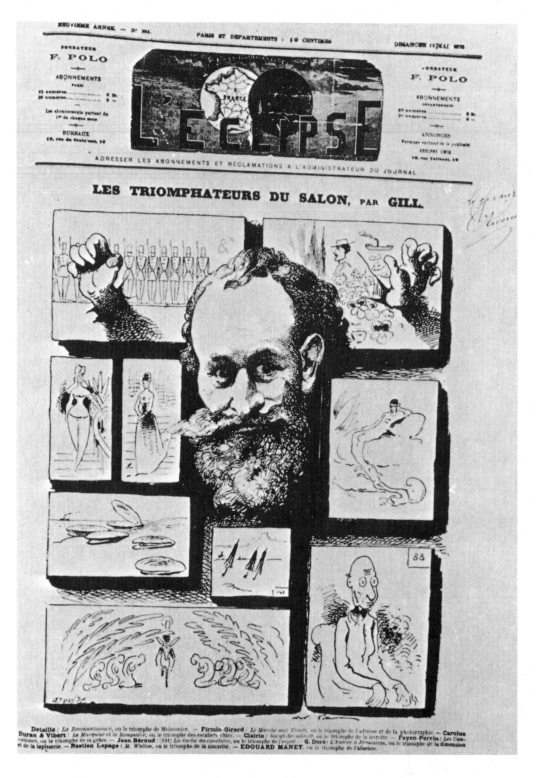

4. Karykatura Edouarda Maneta
zamieszczona w czasopiśmie „L'Eclipse",
14. 5. 1876

dnia widzimy jako płaszczyzny i nie bał się tego doświadczenia, przeciwstawiającego się akademickim prawidłom budowania formy plastycznej, zastosować w swoich dziełach. Jego nowa koncepcja formy artystycznej nie była więc przypadkiem, lecz postanowieniem przekazywania wizualnej prawdy. Aczkolwiek wiadomo, że Manet nie chciał, aby uważano go za rewolucjonistę i że głęboko przeżywał niepowodzenie u publiczności i jury Salonu, to chwytając za pędzel nie mógł oprzeć się pokusie prawdy. Godny szczególnej uwagi jest fakt, że to, co powstawało tak zupełnie intuicyjnie i jako czyste doświadczenie, odegrało doniosłą rolę stylotwórczą. Płaskie ujęcie koloru i przedmiotu przez Maneta stwarzało podstawy rozwojowe dla przyszłego modernistycznego malarstwa, aż do kompozycji nieprzedmiotowych włącznie. Poczynając od Maneta problem obrazu jako barwnej płaszczyzny stanie się sprawą pierwszoplanową we wszystkich nurtach nowoczesnej sztuki.

Manet stawiając ten problem stworzył pewną eksperymentalną propozycję, w której ciągle wzajemnie się uzupełniają i nakładają dwie podstawowe sfery doznań: odczucia zmysłowe i intuicyjne oraz efekty rozmyślań. „Kompozycyjne błędy" i „mimetyczne omyłki" Maneta nie powstawały w wyniku słabego opanowania rzemiosła lecz dlatego, że przedstawiane przedmioty ujmował on przede wszystkim w kontekście płaszczyzny obrazu. Jest to dobrze widoczne właśnie w Śniadaniu w pracowni. Kompozycja tego obrazu, mimo iż bardzo sztuczna, stwarza wrażenie naturalnego wnętrza. Podobnie jak w innych dziełach Maneta podstawą jej jest układ linii poziomych i pionowych, w który tematycznie włączone zostały linie okna. Pionowy pęd fikusa i długa krawędź stołu odpowiadają ramom mapy wiszącej na ścianie. Główna postać jest usytuowana zgodnie ze złotym podziałem. Ta podstawowa konstrukcja, uzupełniona postacią młodzieńca na pierwszym planie i zamknięciem wnętrza płaszczyzną szarej ściany, zmusza widza do patrzenia na obraz dokładnie na wprost. Główne diagonale kompozycyjne obrazu wyprowadzone zostały z ułożonej na fotelu broni. Jest to więc obraz konsekwentnie komponowany, gdzie artysta w niczym nie zdał się na przypadek.

Cała ta złożona gra kompozycyjna nie jest żadnym czczym formalizmem. W pełni służy nadaniu znaczenia, które już staraliśmy się określić. Nielada sztuką było połączenie formy i treści w jedną organiczną całość, czego Manet długo poszukiwał w swoich obrazach, a co drogą „kompozycyjnych omyłek" osiągnął w latach sześćdziesiątych. Z tymi poszukiwaniami także ściśle wiązało się zainteresowanie Maneta starymi mistrzami weneckimi, holenderskimi i flamandzkimi, a głównie hiszpańskimi XVI i XVII wieku. Do znacznej części swoich obrazów, zwłaszcza w zakresie kompozycyjnych motywów i schematów, artysta czerpał wzory wprost z tych dawnych źródeł. Do niektórych zapożyczeń Manet przyznawał się sam. I tak w Śniadaniu na trawie jest całkowicie oczywiste, że komponując grupę siedzącą na trawie inspirował się Koncertem wiejskim Giorgiona z Luwru oraz częściowo rycinami Marcantonia Raimondiego wykonanymi według dzieł Rafaela[3]. Właśnie te zapożyczenia były głównym argumentem twierdzeń, że Manet jest artystą słabym w rysunku i kompozycji.

Zmienność środków wyrazu w malarstwie Maneta zachęca również do rozważań na temat jego braku wyobraźni. Zarzut ten stawiano mu najbardziej zapalczywie i jak się wydawało słusznie. Sceneria obrazów Maneta jest faktycznie zupełnie prosta. Natomiast znane są również jego negatywne uwagi dotyczące sławniejszego i cieszącego się większym powodzeniem, współczesnego mu, neoromantycznego malarza Gustave'a Moreau, który według Maneta wybrał niewłaściwą drogę prowadzącą sztukę do obszaru niezrozumiałości. Mimo to jeden z krytyków tego okresu, Paul Mantz, z okazji Salonu Odrzuconych napisał, że Manet wprowadza nas w „dziedzinę bezsilności, gdzie odmawiamy naśladowania go".

Manet konsekwentnie odcinał się od starszej romantycznej, fantazyjnej metafory i malarstwa mitologicznego, chociaż w przeciwieństwie do Courbeta malował również anioły (obraz Chrystus między aniołami), a nie tylko „upadłe anioły", jakim była Nana. Był bliskim przyjacielem poetów Charles'a Baudelaire'a i Stéphane'a Mallarmé'go; z nimi łączyły go znacznie bliższe więzy niż z malarzami. Już chociażby te nazwiska mogą świadczyć, że nie był on pozbawiony wyobraźni.

Właśnie w powiązaniu z Baudelaire'em sprawa wyobraźni Maneta objawia się w charakterystycznym świetle. Rozprawa Baudelaire'a o Salonie 1846 zatytułowana O heroizmie współczesnego życia jest już w wielu miejscach jakby bezpośrednim programem dla przyszłego malarstwa Maneta. Poeta nie zgadza się z usprawiedliwianiem się artystów, twierdzących, że upadek sztuki jest następstwem upadku moralności. Zawinili raczej sami artyści zajmując się tylko przedstawianiem przeszłości, co według Baudelaire'a jest zadaniem łatwiejszym. Współczesność odznacza się przecież własnym pięknem, skrytym jednak pod pozorną nudą i jednostajnością. Rozprawa ta, napisana kiedy Manet miał dopiero czternaście lat i po raz pierwszy przejawił swoje pragnienie zostania malarzem, zdaje się mówić o Manetowskiej Olimpii.

Baudelaire był bez wątpienia również romantykiem i Manet poczynił aluzje do tego jego drugiego „ja", kiedy na podstawie fotografii wykonywał akwafortę jego podobizny do monografii pióra Asselineau, wydanej w dwa lata po śmierci poety. Norström wykazał na podstawie kolejnych etapów powstawania akwaforty, jak formowała się koncepcja tego portretu[4]. W jej drugim wariancie znajduje się jeszcze emblemat — obramienie z symbolicznymi wizerunkami węża, kobiety, ptaka, kościotrupa i nietoperza odnoszącymi się do romantycznej tematyki i scenerii Kwiatów zła. Zainteresowanie Maneta dawną sztuką przejawiło się tutaj w wykorzystaniu motywów z Goyi oraz ze sławnego miedziorytu Dürera Melancholia I, tak popularnego wśród twórców romantycznych. Ostatecznie jednak Manet zrezygnował z emblematu, pozostawiając sam portret. Wydaje się to zupełnie logiczne w powiązaniu z jego poczuciem estetyki odrzucającym dawną fantastykę i jest zgodne z duchem jego krytycznych uwag odnośnie twórczości Gustave'a Moreau.

Jednocześnie występuje tu jeszcze istotniejsza zależność. Emblemat w portrecie Baudelaire'a przede wszystkim wyrażał, z powołaniem się na Dürera, ideę melancholii jako psychicznego stanu przypisanego geniuszowi poetów. Idei tej Manet nie odrzucił, starał się ją tylko ukazać wprost, w wyrazie fizjonomii Baudelaire'a. Zgodne to było z intencją rozprawy *O heroizmie współczesnego życia*, w której autor *Kwiatów zła* zwraca uwagę malarzy na niedostrzeganie współczesnego piękna ukrytego nawet w pogrzebowym smutku czarnego fraka czy surduta.

Melancholia Baudelaire'a zawierała ironiczne akcenty, więc za jego słowami wyobrażamy sobie raczej karykatury Daumiera. Ale już akademik Thomas Couture, nauczyciel Maneta, reprezentował pogląd, że jego „niewydarzony" uczeń nie będzie nikim lepszym niż Daumierem swoich czasów. Romantyczna melancholia, tak mocno wnikająca we wszystko, co dominowało w życiu społecznym, została pozbawiona przez Maneta fantastycznych rekwizytów i umiejscowiona bezpośrednio w przedmiotach i ludziach.

Zakończeniem tej przemiany było ostatnie wielkie płótno Maneta, wystawione na Salonie w roku 1882, *Bar w Folies-Bergère*. Jest to scena z popularnego paryskiego lokalu rozrywkowego. Falujący tłum widzów obserwujących występ na trapezie tworzy tylko tło dla głównej postaci obrazu, jasnowłosej Suzon, stojącej za bufetem pełnym butelek szampana, wina, piwa i likierów. Ta scena z paryskiego życia kawiarnianego została osobliwie zaprezentowana. Na pierwszym planie przedstawiona została Suzon, co jest zgodne z typowym dla Maneta płaskim pojęciem obrazu. Za nią artysta umieszcza wielkie lustro, w którym odbija się to, co jest przed nią, a właściwie za widzem. Suzon nie patrzy na salę, a raczej nie spostrzega jej. Podobnie jak młody Koëlla

w *Śniadaniu w pracowni* jest jakby „poza sobą". W lustrze widoczna jest Suzon z tyłu, tłum widzów na balkonie po przeciwnej stronie sali, a także mężczyzna w cylindrze, stojący przed nią i chyba do niej się zwracający. Ten mężczyzna — zbyt duży i znajdujący się całkowicie poza możliwym kątem odbicia w lustrze — jest jednak wyłączony z grupy widzów, pozostaje jakby poza kompozycją płótna. A więc do obrazu aktualnych realiów włącza się jeszcze drugi obraz, mający raczej związek z psychiką przedstawianej osoby. Podobny problem podjął artysta już wcześniej w *Śniadaniu w pracowni*, ale tam Manet całkowicie utrzymał konwencję prawdopodobieństwa. W *Barze w Folies-Bergère* te wymagania mogły zostać pominięte dzięki lustrzanemu odbiciu. Bez wątpienia wpłynęło to na większą poetyckość obrazu, wzbogaconą refleksami światła pochodzącego z różnych źródeł o rozmaitym natężeniu, co powoduje zróżnicowanie intensywności kolorów, tworzących niepokojące konsonanse.

Temat obrazu może być także rozumiany jako przeciwstawienie jednostki tłumowi, indywidualnego, rzeczywistego życia człowieka — iluzorycznemu życiu tłumu, albo jeszcze głębiej jako symbol wyobcowania jednostki lub znikomości życia[5]. Nie można wykluczyć, że takie myśli nurtowały Maneta, dręczonego już wówczas ciężką chorobą.

Melancholia, która tak przeniknęła do obrazu, ma jednak głównie poetycki wymiar. Potwierdzają to jego plastyczne akcenty: nocny błękit żakieciku Suzon rządzący całą kompozycją kolorystyczną oraz dwa białe dyski świateł na filarach sali, które są pointą całej kompozycji świetlnej. Oba te symbole mają charakter księżycowy.

Stwierdzenie tego rodzaju wskazuje, że nie można zupełnie jednoznacznie charakteryzować sztuki Maneta jako naturalistycznej. Słowa „naturalizm", jako pojęcia programowego, użył w związku z malarstwem Maneta pisarz

5. Maxmilien Pirner *Pomocnicy naiwności i mistrzostwa*, po 1894

Émile Zola. Jego dwuletnia kampania prasowa o uznanie Maneta rozpoczęła się w roku 1866 artykułem w czasopiśmie „L'Événement". W roku 1867 ukazała się oddzielna broszura, zaś punkt szczytowy stanowiły artykuły o Salonie 1868, na którym Manet wystawiał znany portret Zoli. Właśnie w tych artykułach Manet został uznany za naturalistę i zaliczony do czołówki nowej grupy malarzy określanych tym terminem.

Słowo „naturalizm" nie było wymysłem Zoli. Pojawiało się ono już w latach trzydziestych we francuskiej krytyce literatury i miało także pewien sens społeczny, bowiem określano nim zarówno sztukę prawdziwą, jak i zrozumiałą nie tylko dla burżuazji mieszczańskiej zwiedzającej Salon, ale i dla prostych ludzi. Pojęcie naturalizmu było wówczas bliskie ideologii utopijnego socjalizmu Charlesa Fouriera. W latach pięćdziesiątych popularniejszym terminem stał się „realizm", ale kiedy realizmowi zaczęto zarzucać skłonność wyłącznie do opisu, w krytyce artystycznej ożyła atrakcyjność naturalizmu. Jules-Antoine Castagnary, przyjaciel Courbeta, napisał, że klasycyzm i romantyzm powinny być zastąpione obrazem współczesnego życia — naturalizmem[6].

Rozumienie sztuki przez Zolę było bardziej zindywidualizowane. Natura, rzeczywistość były dla niego nieodzowną podstawą, przeobrażającą się w sztukę jednak dopiero wtedy, kiedy wszystko, co nas otacza widziane jest z dużym „temperamentem". Ku naturze zwracał się indywidualny człowiek-twórca i dopiero dzięki jego interpretacji przyrody powstawała nieograniczona różnorodność i bogactwo sztuki. Jedynie dzięki temu indywidualnemu podejściu mógł Zola zaakceptować Maneta i z takim zdecydowaniem toczyć o niego bój w okresie, kiedy atakowali go i ośmieszali w zjednoczonym froncie nie tylko bulwarowi pismacy, ale i liczący się krytycy. Oczywiście Zola broniąc Maneta miał w tym swój osobisty cel, jakim była sposobność zwrócenia uwagi na siebie i na swe dążenia literackie. Pomimo to, w atmosferze ogólnego ostracyzmu, nieustraszony głos Zoli był niezmiernie cenny

i pożądany. Swą wdzięczność wyraził Manet malując portret Zoli. Związek między malarzem a pisarzem podkreślają rekwizyty, wśród których pierwsze miejsce zajmuje reprodukcja *Olimpii*. Podziwiana już przez współczesnych dłoń Zoli, leżąca obok otwartej książki z reprodukcjami stanowi całkowicie zrozumiały symbol.

Właśnie w czasie swojej walki o Maneta Zola zrozumiał, że nowy indywidualny pogląd może się odpowiednio liczyć we współczesnej ocenie i ideologii, gdy połączy się go z jakimś ogólniejszym pojęciem. Zrozumiał też, że dla forsowania czegoś rzeczywiście niezwykłego nie wystarczy jednostka. Ogół może uznać indywidualność tylko wtedy, kiedy widzi za nią grupę, ,,szkołę", kiedy ma pewność, że ten wyjątek poprzedza pewną regułę.

Pojęcie naturalizmu miało stworzyć taką korzystną formułę. Miało dać gwarancję, że nowy rodzaj twórczości nie jest przypadkowy, że opiera się na metodzie, a w końcu, że jest potrzebny. Dlatego Zola swą koncepcję naturalizmu wsparł również autorytetem teoretycznym — często powoływał się na Hippolyta Taine'a, którego uznał za naturalistę moralnego świata.

Naturalizm pod tym patronatem nie miał już być naiwnym naśladowaniem rzeczywistości, ale jej badaniem, analizowaniem, czego Zola nie wahał się określać jako ,,naukowe". ,,Analiza" była wówczas wielkim słowem w pozytywistycznej mentalności naukowej. Według Zoli Manet jest malarzem--analitykiem, który ponownie krytycznie bada wszelkie problemy, ponieważ wiedza powinna mieć odpowiednie podstawy, a to osiągnąć można tylko poprzez dokładną obserwację faktów.

,,Powtarzam, on jest po prostu analitykiem; w tym, o co mu chodzi, jest dużo więcej zaangażowania niż w plagiatach jego kolegów, dzięki czemu sama sztuka zmierza w kierunku pewności; artysta jest interpretatorem tego, co jest, a jego dzieła mają w mojej ocenie walor precyzyjnego opisu dokonanego językiem oryginalnym i zrozumiałym dla ludzi"[7].

Jeśli staramy się dzisiaj w pełni zrozumieć znaczenie słów Zoli, nasze usiłowania komplikuje fakt, że znamy już rezultaty i krytykę pozytywistycznego sposobu myślenia. Szczególnie końcowa część oceny Zoli sprawia trudności i nastręcza problemy. ,,Dokładny opis" i ,,oryginalność" to dwa pojęcia, które raczej pod wieloma względami nawzajem się wykluczają. Jednak właśnie ich połączenie stworzyło naturalistyczny program, który stał się pierwszym odważnym upowszechnieniem praktyki twórczej odchodzącej od konwencjonalnego, powszechnego gustu i w tym sensie był również pierwszym prawdziwym programem nowoczesnej sztuki.

Zola był w tym ukierunkowaniu bardziej stanowczy i agresywny niż jego poprzednicy, a zależało mu nie tyle na krytyce dotychczasowego stanu, ile na zapoczątkowaniu widzenia, odczuwania i analizowania na całkowicie nowej, swobodnie wybranej płaszczyźnie. Dlatego tak zdecydowanie odrzucał kult fantazji, stanowiący dawniej główny miernik oceny sztuk plastycznych i literatury. Zamiast podziwiać wyobraźnię autora, oceniał jego poczucie rzeczywistości. Artysta powinien ,,przedstawiać życie z wszelką jego wewnętrzną siłą". Metoda, którą przy tym stosuje, nie polega na inspiracji, ale na dość dokładnym przestudiowaniu wszystkich dokumentów i źródeł dotyczących tej dziedziny życia, którą sobie wybrał jako temat swojego dzieła. Sens takiego przygotowania tkwi w tym, że właściwie określa plan całej pracy. Konstrukcja powieści również jest oparta na tej heurystyce faktów. Potem należy tylko dokonać logicznej klasyfikacji czynów. Akcja składa się z samych zebranych spostrzeżeń, skrupulatnych analiz, wynikających jedna z drugiej w myślowym związku z życiem osób, zaś rozwiązanie nie jest niczym innym, jak potrzebnym i naturalnym następstwem tych działań.

Zola zdawał sobie jednak sprawę, że ta naukowo-krytyczna działalność autora sama z siebie nie tworzy jeszcze dzieła artystycznego. Dlatego wymagał

6. Auguste Rodin *Wiek spiżu*, 1876

od niego również ,,osobistej wypowiedzi". Tylko oryginalny autor może widzieć i wyrazić rzeczywisty świat. ,,Wszystko ożywia się pod jego otwartymi rękami, wszystko przyjmuje barwę, woń, dźwięk. Z jego bohaterami płaczemy i śmiejemy się, mówimy do nich po imieniu — są tak prawdziwi, że niemal widzimy ich, jak mówią."

W tym aspekcie sztuka jest właściwie tym, co życie. Ponad wszystkie wymagania naukowej analizy, ponad ulubione przez Zolę porównania artysty do anatoma ,,przeprowadzającego sekcję zwłok naszego uczucia", sztuka jest przede wszystkim przeżyciem rzeczywistości, zaś dzieło artysty ma tworzyć jego naturalnie oddziaływującą analogię.

Na tym utożsamianiu przez Zolę sztuki z życiem oparte są również późniejsze omówienia malarstwa Maneta. Niemiecki krytyk Julius Meier-Graefe, który przyczynił się w znacznym stopniu do rozszerzenia sławy Maneta w środkowej Europie, uważał za szczytowe osiągnięcie w jego twórczości grupę obrazów od *Argenteuil* do *Śniadania u ojca Lathuile*. Podziwiał w obrazach Maneta żywe przedstawianie scen, łączenie postaci z najrozmaitszymi przedmiotami z ich naturalnego otoczenia, widzenie tego wszystkiego w jednakowym świetle i jednakowej przejrzystości powietrza, tworzenie jedynego w swoim rodzaju widoku, który widz odbiera, jakby oglądał ,,samo życie", a nie obraz.

Ale, dodaje Meier-Graefe, to życie nie jest rzeczywistością. ,,Bowiem egzystencja nasza odbiega od rzeczywistości. Dostrzegamy ją w poszczególnych elementach, jakich nie znajdujemy w przyrodzie. Są to barwy, plamy, linie, które w sumie kształtują pewien rytm form. Coraz głębsza penetracja istoty tego rytmu umożliwia nam uświadomienie sobie kształtu dzieła. W przypadku *Olimpii* uderza nas najpierw forma, dopiero potem naturalność obrazu. Forma przypomina Goyę, Tycjana i innych mistrzów, i staje się od razu wiarygodna, gdyż wiarygodność tkwi w dziełach tych malarzy. Dopiero potem przekonujemy się o naturalnym prawdopodobieństwie tego, co przedstawiają. W przedstawieniu ogrodu natomiast uderza przede wszystkim «samo życie». Wierzymy temu jeszcze, zanim uświadomimy sobie, że mamy tu do czynienia ze sztuką. Problemy formalne wyrastają na gruncie z pozoru nieograniczonych możliwości tkwiących w przyrodzie i dlatego przekonują nie tylko nasz intelekt, naszą wyobraźnię, ale również naszą podświadomość"[8].

Meier-Graefe podziwiał także martwe natury, a w szczególności kwiaty, które w małych formatach malował Manet już w czasie swej choroby. W monografii malarza pisał, że kiedyś jedną z tych małych kwiatowych martwych natur — bez z różami w szklanym naczyniu z wodą widział u berlińskiego malarza Liebermanna obok żywych kwiatów. Przy tym przypadkowym porównaniu najbardziej zdziwiła go nie sama naturalność obrazu, ale jego prymat nad naturą. ,,Przyroda okazywała się ułomna w zestawieniu ze sztuką. W najmniejszym bowiem stopniu nie następowało pomieszanie odczuwania tego, co namalowane z odczuwaniem tego, co naturalne. Kwiaty Maneta były wprawdzie pozbawione cech, dzięki którym w rzeczywistości bez jawi się nam jako bez, a róża — jako róża. Pomimo tego stwierdziłem, że zachwyt, jakiemu ulegałem — w niepojęty sposób wzmagał się zawsze na widok tych kwiatów. Polegał on na oczarowaniu, którego na widok bukietu na stole mimowolnie chciałoby się doznawać; jest to czar, który pokonuje ziemską słabość i przemijanie, i zapewnia nas, że doznanej rozkoszy nie przemieni w żal po jej utracie. Jakże bezradna okazuje się nasza wiedza wobec takich dzieł, może bardziej bezradna niż wobec wielu bogatszych w treść, wielkich malowideł wywierających na nas potężniejsze wrażenie. Chyba łatwiej jest trafić na trop prawideł kompozycji, na których opiera się fresk Michała Anioła, niż odkryć tajemnicę tych kwiatów"[9].

Idea połączenia sztuki z życiem, występująca już u Zoli przy omawianiu płócien Maneta w latach sześćdziesiątych, osiągnęła swój szczyt u Meier-Graefa, stając się estetycznym hedonizmem. Dlatego też Meier-Graefe

uważał, że Manet nie jest naturalistą, że zgodność sztuki Maneta z rzeczywistością była zawsze symbolem i że Manet nową formę sztuki, zapowiadaną już przez Courbeta, uszlachetnił „[. . .] stawiając obszar nowego świata form pod władzę wszechmocnego ducha i rządząc nim jak demiurg. W jego poglądach wszystko sprowadza się do natury, a mimo to nie zbliża nas do czegokolwiek, co jest zwierzęce. To, że na najwyższym szczycie pojmowania świata zewnętrznego porywa nas niemal abstrakcyjny ideał naturalności, jest znamieniem dokonującego się ciągle rozwoju"[10].

Okres pomiędzy wydaniem broszury Zoli walczącej o uznanie wyśmiewanego malarza, którego początkowo nie traktowano jako nowatora, ale jako zwykłego ekshibicjonistę, a ukazaniem się monografii Meier-Graefa stawiającej Maneta na szczycie drabiny estetycznych wartości, był okresem heroicznych początków nowoczesnej sztuki. W jej rozwoju jedną z głównych ról odegrała idea nowego połączenia sztuki z życiem. Stała się ona podstawą aktywności twórczej kilku generacji artystów i doczekała się, jak wszelkie wielkie idee w kulturze, zróżnicowania i różnych interpretacji. Manet, będąc praktycznym pionierem tej idei, wypracował swymi dziełami jej podstawowe wartości.

Swoją twórczością wstąpił na ścieżkę, która początkowo wydawała się całkiem prosta. Sam ją za taką zresztą uważał, o czym świadczą przytaczane już jego zarzuty wobec Gustave'a Moreau, którego pomimo to darzył sympatią. Wymaganie zaś, aby sztuka była zrozumiała, jak się okazało, nie było łatwe do spełnienia, jeśli w zasadzie odrzuca się wszelkie konwencje. Nawet całkowite ograniczenie się do scenerii powszechnego, codziennego życia i pozbycie się wszelkiej fantazji nie mogło w tej dążności prowadzić do celu, gdyż właśnie sceny pozbawione komentarza okazały się niezrozumiale zagadkowe. Dopiero kiedy upadł początkowy naiwny wymóg zrozumiałości, pojawiła się głębsza perspektywa naturalistycznego zjawiska. Wydaje się, że Manet ostatecznie sam sobie to

uświadomił. Meier-Graefe ocenił *Bar w Folies-Bergère* jako „chyba najsłabszą pracę mistrza". Obraz nie pasował mu do rozwojowej koncepcji zmierzającej u Maneta od twardo komponowanych dzieł jego młodości do „czystego" malarstwa istoty życia. Był to znowu swoisty „rebus", a nie absolutne estetyczne zidentyfikowanie się z tętnem życia.

A przecież *Bar w Folies-Bergère* nie jest dziełem unikalnym ani w twórczości Maneta, jeśli połączymy go ze *Śniadaniem w pracowni*, ani w pozostałej francuskiej sztuce tego okresu, biorąc pod uwagę tematykę nowoczesnej twórczości figuralnej. Najbardziej mu pokrewne dzieło było jednak nie malowidłem lecz rzeźbą.

W roku 1876 powstał *Wiek spiżu* Auguste'a Rodina, statua, która dała początek nowoczesnej rzeźbie, tak jak od Maneta zaczęło się nowoczesne malarstwo.

Najbardziej znanym incydentem, związanym z tym dziełem, było oskarżenie Rodina, że wykonał odlew według żywego modela. Rzeźba sprawiała więc wrażenie naturalistyczne, we właściwym tego słowa znaczeniu. Zwłaszcza modelunek nóg mógł prowadzić do takiej interpretacji. Rodin musiał długo argumentować i powoływać się na oświadczenie pozującego mu do rzeźby przez 18 miesięcy belgijskiego żołnierza Augusta Neyta, zanim zostało to oskarżenie odwołane werdyktem grupy rzeźbiarzy. Wydaje się, że wrażenie skopiowania „rzeczywistego modela" było umocnione tym, iż rzeźba nie miała dostatecznie jasno sprecyzowanego tematu, który by ukierunkował wyobraźnię widzów. Przecież i we współczesnym malarstwie wystawianym na Salonach stosowano już całkowicie iluzjonistyczne środki wyrazu, ale tam były one oceniane raczej jako osiągnięcia techniczne właśnie dlatego, że pomysł był w większości konwencjonalnie idealny. Ówczesny widz najwyraźniej pragnął, aby twórca ożywiał idealne wyobrażenia i pojęcia przyswojone poprzez naukę w szkole i literaturę. W odniesieniu do rzeźby te wymagania były jeszcze większe, gdyż tradycja klasycznego ideału była tu jeszcze bardziej zakorzeniona, a pruderia publiczności jeszcze bardziej rygorystyczna niż w stosunku do malarstwa. Świadczyły o tym już poprzednie skandale, jak oblanie atramentem przez jakiegoś fanatyka rzeźby *Taniec* Carpeaux umieszczonej na fasadzie paryskiej Opery.

Dzieło Rodina, aczkolwiek na pierwszy rzut oka ukazane w tradycyjnym kontrapoście, zupełnie nieoczekiwanie stawiało patrzącego przed nowym widzeniem sztuki. Krytycy daremnie pytali, co przedstawia. W geście postaci odczuwało się brak jakiegoś wytłumaczenia, atrybutu, który mógłby wyjaśnić jej sens. Niektórzy komentatorzy odbierali ją jako pozę desperata przed popełnieniem samobójstwa, inni jako postawę lunatyka. Sam Rodin na pytanie o myśl przewodnią rzeźby nigdy się wyraźnie nie wypowiedział. Mówił tylko o jej modelowaniu. I o tym, że podczas jej tworzenia zmagał się z głęboką beznadziejnością, że zawarł w niej „przynajmniej cztery postacie"[11].

Bardziej konkretnym śladem prowadzącym do określenia tematu rzeźby były przeżycia Rodina w okresie wojny prusko-francuskiej w roku 1870. Odpowiadałby temu i pierwotny tytuł *Pokonany*, a także wybór modela i to, że wydarzenia fatalnego roku spowodowały wielki kryzys francuskiej świadomości narodowej, wywołując również znaczny oddźwięk w sztuce. Jednak Rodinowi nie chodziło o urażony nacjonalizm. Jego wizja była z jednej strony o wiele bardziej osobista, z drugiej zaś — o wiele bardziej ogólna. Jeśli rzeźba miała początkowo unaoczniać ciężary okresu wojny uderzające w młode pokolenie, można było ją widzieć jeszcze w innym wymiarze. Z rysunku Rodina wiadomo, że model trzymał pierwotnie w lewej ręce skruszoną dzidę. Rodin uzasadniając, iż narusza to kompozycję ciała, usunął ją. Prymitywność przedstawionej broni i nagość ciała sytuowały rzeźbę tematycznie gdzieś na początku dziejów ludzkości, co spowodowało powstanie jej różnych

7. Auguste Rodin *Wiek spiżu*, fragment

późniejszych nazw, jak *Wiek spiżu, Wiek brązu, Budzące się człowieczeństwo* lub *Człowiek pierwotny*. Gdyby Rodin pozostawił dzidę, posąg mógłby w końcu być łączony z symboliką ówczesnej „archeologicznej szkoły" w malarstwie. Szkoła ta poprzez poglądowe ilustracje zwracała się ku starożytności i kulturze klasycznej i tam znajdowała wdzięczny materiał wzbudzający zainteresowanie w umysłowości ludzi drugiej połowy XIX stulecia, znajdujących się pod wpływem coraz to popularniejszej nauki Darwina o pochodzeniu gatunków.

Jednak do takiego zakwalifikowania *Wieku spiżu* brakowało niezbędnego rekwizytu, a także, uwzględniając ówczesne wymagania, typ modela wybrany przez Rodina nie był ani piękny, ani zdecydowanie brzydki. Pozostawało więc zmysłowe wymodelowanie powierzchni i nieokreślony, wieloznaczny ruch ręki. Żołnierz Nyet został przedstawiony jakby psychicznie znajdował się „poza sobą", właśnie tak, jak młody Koëlla i kelnerka Suzon na obrazach Maneta.

Dla zrozumienia rzeźby Rodina istnieje jednak jeszcze jeden materiał źródłowy. Albert Elsen zwrócił uwagę na to, że za jej prototyp można uważać jednego ze sławnych *Niewolników* Michała Anioła z paryskiego Luwru[12]. Rodin żywo interesował się twórczością tego artysty; studiował jego dzieła podczas swej podróży do Włoch w zimie na przełomie lat 1874—1875. Kiedy w roku 1874 pracował w Brukseli nad postaciami pomnika burmistrza Loos, których nawet nie sygnował swoim nazwiskiem, stwierdził ze zdziwieniem, że stylowo podobne są do rzeźb Michała Anioła. W czasie podróży włoskiej szkicował wieczorami nie po to, aby tylko naśladować florenckiego mistrza, ale aby zrozumieć jego technikę. Z tych studiów zastosował w *Wieku spiżu* zasadnicze „wspornikowe" pojęcie postawy ludzkiej, która ma przybliżone ku sobie kolana, a przez to nieco pochyloną głowę oraz wysunięte ramiona. Dużo później, kiedy stary już Rodin demonstrował Paulowi Gsell podstawowe różnice między tym, jak pojmowali rzeźbę Grecy, a jak ją

pojmował Michał Anioł, którego uważał za epigona gotyckiej tradycji, wypowiedział się i o treści takiego pojmowania. Rzeźba Michała Anioła wyraża „bolesne rozmyślania nad samym sobą, budzącą niepokój energię, chęć czynu bez nadziei na sukces i w końcu męczeństwo istoty, którą trapią niemożliwe do urzeczywistnienia pragnienia". Poza tym w dziełach Michała Anioła jest bardzo wyczuwalna melancholia, która w większym stopniu występuje właśnie w *Umierającym niewolniku*, najbliższym poza *Wiekowi spiżu*. Dla Rodina był jasny sens treści marmurów Michała Anioła: „Jego *Niewolnicy* są zakuci w tak słabe kajdany, że nie byłoby trudno je zerwać. Ale rzeźbiarz chciał podkreślić, że ich spętanie to przede wszystkim sprawa moralna. Chociaż w tych postaciach artysta przedstawił prowincje zdobyte przez papieża Juliusza II, nadał im symboliczne znaczenie. Każdy z jego *Niewolników* — to ludzka dusza, która chciałaby zrzucić z siebie cielesne pęta, aby osiągnąć nieograniczoną swobodę"[13].

Tymi słowy Rodin parafrazował główną ideę florenckiej neoplatońskiej Akademii, której ideologiczne starania już w XV wieku dały zalążek podstawowych pojęć o powadze i powołaniu sztuki. Z pojęć tych korzystał nie tylko sam Michał Anioł, ale na nich opierano cały dalszy wspaniały rozwój sztuki europejskiej[14].

Może być sprawą dyskusji, czy Rodin tworząc *Wiek spiżu* miał już tak jasny pogląd na treści zawarte w sztuce Michała Anioła. Najprawdopodobniej nie. Na pewno bardziej interesowała go wówczas techniczna strona rzeźbiarskiego dzieła, chociaż i tutaj powodowało nim poszukiwanie środków wyrazu. Sam swoją twórczością stopniowo odkrywał również i sens koncepcji Michała Anioła.

Te zależności w nowym świetle ukazują zagadnienie powstania tak zwanej nowoczesnej sztuki. Zarówno twórczość Rodina, jak i Maneta w początkowym okresie nie była rozumiana przez odbiorców. W ich programowych dziełach dopatrywano się próby zwrócenia na siebie uwagi fałszywym wyolbrzymianiem efektów naturalistycznych. To,

co jedni potępiali w imieniu tradycji i dobrego gustu, inni zaczęli wychwalać jako przejaw nieustraszoności i wolnomyślności, odcinania się od wszystkiego, co stare. Ta reputacja burzycieli przyjętego ładu przecież nie tylko nie odpowiadała osobistym poglądom obu artystów, ale nawet jakiemuś ponadosobistemu, historycznemu sensowi ich dzieł. Obaj raczej odnawiali starą tradycję, wracali do jej źródeł i pierwotnego głębokiego sensu.

Hasło „sztuka i życie", które oddziaływało programowo w nowym duchu, miało w rzeczywistości więcej płaszczyzn znaczeniowych. Nie był to tylko naturalizm, czy to o ukierunkowaniu naiwnym, czy „naukowym". Szło raczej o całkowite wyzwolenie sztuki z niewoli mechanizmów konwencji społecznych, lecz wcale nie w sensie rozbicia i zniszczenia systemu przekazu, ale w sensie jego odnowy. A ta musiała być przeprowadzana za pośrednictwem nowej oceny twórczej indywidualności. Celem nie była jednak jednostka, ale całość, świat w całej swojej złożoności, i dlatego też „nowa sztuka" mogła tak szybko osiągnąć swą stylowość, i w końcu wielokrotnie ją różnicować. Dlatego tak szybko czysta sztuka połączyła się ze sztuką użytkową, nie wahała się „iść w lud", inspirować się fotografią ani banałem, aby jednocześnie zwracać uwagę swą melancholią i wyrażanym niepokojem na nieprzebraną płodność życia.

W drugiej połowie XIX wieku sztuki piękne podlegały procesowi wielkich przemian. Ich ruchomą podstawę stanowiła zmieniona już socjalna struktura artystycznego świata. W drugiej połowie wieku liczba twórców wzrosła zasadniczo. Tradycyjne Salony, organizowane przez rząd, nie mogły już sprostać naporowi tysięcy artystów żądnych uznania. Zalew ten spowodował potrzebę surowej klasyfikacji ze strony jury, co wywoływało niezadowolenie i prowadziło do demonstracji, a nawet samobójstw. Wzrosła jeszcze hierarchia artystyczna zyskując większe znaczenie, gdyż dzieła sztuki stały się liczącym artykułem handlowym, dającym wielomilionowe obroty zwłaszcza w Paryżu, ówczesnym centrum kultu-

8. Edouard Manet *Bar w Folies-Bergère*,
1882

Horace Lecoq de Boisbaudran, uczący Rodina rysunku, nie uznawał klasycystycznego pozowania, zachęcając zaawansowanych uczniów do studiowania ludzkiego ciała w ruchu i pracował nad rozwojom ich wyobraźni[15].

Kult przyrody, coraz silniejszy w sztukach plastycznych XIX wieku, najżywiej jednak przejawiał się w coraz bardziej rozpowszechnionym malarstwie pejzażowym. Już na początku stulecia zdobyło ono znaczącą pozycję wśród innych tematów, a romantyzm jeszcze przysporzył mu nowych wielbicieli.

To krajobrazowe malarstwo było nadal przede wszystkim ,,heroiczne" lub ,,idylliczne". Wprawdzie malarze szkicowali w plenerze, lub aranżowali w pracowniach małe modele krajobrazu z różnych tworów natury, jednakże generalnie preferowali obraz komponowany. Pejzaż miał być nośnikiem idei, czy to wyrażającej klasycystyczną harmonię ,,pięknej przyrody", czy podkreślającej różnicę między znikomoś-

cią człowieka a nieśmiertelnością natury. Niemiecki malarz Caspar David Friedrich, najbardziej reprezentatywny pejzażysta okresu romantyzmu, zawsze w swoich obrazach umieszczał na pierwszym planie postać lub przedmiot o znaczeniu symbolicznym. Symbol ten, wzięty ze świata ludzi, kontrastował z panoramicznym ujęciem przestrzennej dali, gdzie bezkres fal, chmur lub gór miał uprzytomnić wielkość Bożego dzieła i wywołać uczucie uświęconej pokory.

W dalszym rozwoju malarstwa pejzażowego ten dualizm w zasadzie zanikał, ale utrzymał się początkowy przekaz romantycznej głębi przeżyć psychicznych. Schodzono z piedestału idealnego malarstwa, pozornie je degradując, ale w rzeczywistości przed malarstwem pejzażowym otwierały się nowe i rozległe możliwości. Pejzażyści przestawali być obserwatorami nadzwyczajnych zjawisk, i — jakby biorąc dosłownie nauczanie romantyków, że nieskończoność można zobaczyć

10. Narcisse Virgile Diaz de la Peña
Pejzaż z drzewami na horyzoncie, po 1850

11. Charles François Daubigny *Zatoka*,
1864

12. Antoine Chintreuil *Przestrzeń*, 1869

w ziarnku piasku — rozszerzyli swój panteizm także na bardziej powszednie, codzienne tematy. W tym rozwoju dużą rolę odegrał Anglik, John Constable (1775—1837). Jego dzieła wystawione w roku 1824 we Francji wywarły znaczący wpływ na malarzy kontynentu.

Na dalszych losach malarstwa krajobrazowego decydująco zaważyło nieformalne stowarzyszenie malarzy, spotykających się podczas swych plenerowych wędrówek w wiosce Barbizon, w okolicach Fontainebleau. Ich przy-

wódca, Théodore Rousseau (1812—1867), mówił o potrzebie szczerości w kontaktach z naturą i z zamiłowaniem malował, wraz z Diazem de la Peña, leśne zakątki, grupy drzew i polany usiłując wiernie oddać charakter ojczystego krajobrazu. Barbizończycy zmierzali ku realizmowi, ale nie poniżyli się do odtwarzania tylko wiernego wizerunku. Podstawą ich poglądów pozostawał uczuciowy stosunek do krajobrazu i rozumienie wewnętrznego życia natury. Może dlatego mogli sobie pozwolić na większą swobodę kolorys-

tyczną i tym sposobem wyczarowywać poetycki nastrój swoich płócien.

Chociaż byli oni zapatrzeni głównie w malownicze motywy, nie zatracili wyczucia tego, co stanowi istotę malarstwa pejzażowego — zdolności przedstawiania swobodnej przestrzeni. Rousseau chciał, aby jego pejzaże były „modelowane nieskończonością". Dążność ta urzeczywistniła się w sztuce młodszych pejzażystów, jak Charles-François Daubigny (1817—1878) i Antoine Chintreuil (1816—1873). Taki był początek nowego kierunku w pejzażu

13. Antonín Chittussi *Lásenicki staw*, około 1886

14. Otto Modersohn *Jesień na torfowisku,*
1895

— monizmu, istotnie odpowiadającego ogólnym ideom i uczuciowym tendencjom okresu po pierwszej połowie stulecia. Właśnie wierne uchwycenie przestrzeni konkretnego krajobrazu było głównym narzędziem tej światopoglądowej współpracy.

To, co powstało pod wpływem barbizończyków i stopniowo rozszerzało się po całej Europie, można określić stosowanym w tym czasie pojęciem *paysage intime.* Tę liryczną formę malarstwa krajobrazowego krytycy przyjmowali przychylnie, a nawet się jej domagali. Francuskie pejzaże prezentowane na wystawach w innych krajach w ramach wymiany dóbr kulturalnych, która w tym okresie znacznie się ożywiła, stawały się wzorem nowych wartości i przykładem godnym naśladowania.

W nowym malarstwie tego rodzaju przyciągał uwagę przede wszystkim dyskretny stosunek do konkretnych rzeczy, troska o prawdziwość szczegółów, o wierne oddanie wrażenia wzro-

kowego, które umożliwiało sugestywne odmalowanie niezwykłości krajobrazowego motywu, z uwzględnieniem szczegółów jego budowy geologicznej lub biologicznej różnorodności. Podziwiano zróżnicowanie materii i odtwarzanie cech charakterystycznych ziemi i roślinności w zależności od środowi-

ska, pory roku czy pory dnia. W ten sposób twórczość pejzażowa sekundowała aktualnemu materializmowi, który znajdował potwierdzenie zwłaszcza w stosunku do szczegółów. Jednakże było tu jednocześnie jeszcze coś więcej, coś, co dopiero formowało samo wrażenie artystyczne. I laik rozumiał, że malarz nie dysponuje w swojej palecie tyloma odcieniami barw, aby mógł wiernie odtworzyć naturę. Środkiem do osiągnięcia tego była barwa modulowana jako „atmosfera" i jako odbicie nieba na powierzchni wody.

Wzrastało zainteresowanie powietrzem i wodą nie tylko wśród krytyków, ale i wśród artystów. Była to powszechnie przyjęta norma estetyczna dla pejzażu w drugiej połowie XIX wieku. Spełnianie jej nie musiało jednak być realizowane wyłącznie poprzez impresjonizm, chociaż on charakteryzował jej szczytowe osiągnięcia. Zwłaszcza pejzażyści ze środkowej Europy, Szkocji, Skandynawii i z Rosji do pierwotnych założeń romantycznych wnieśli nowy sens i element realizmu. I tak Czech Antonín Chittussi, który dopiero we Francji w końcu lat siedemdziesiątych zetknął się bliżej z dorobkiem barbizończyków, wprowadził potem w swej interesującej serii południowoczeskich stawów takie ujęcie sytuacyjne, które łączyło prawdę wizji z oddaniem melancholijnej poezji tej krainy. Podobnie malowali szkoccy Boys of Glasgow i rosyjski malarz Izaak Lewitan.

Najbardziej znana w owym czasie grupa pejzażystów skupiała się w Worpswede, na torfowiskach i wrzosowiskach równinnej krainy północnych Niemiec, pociętej siecią kanałów i dróg wodnych. Ich wystawę w monachijskim Glaspalast w roku 1895 gorąco przyjął poeta Rainer Maria Rilke. Spośród artystów tej grupy, obok skłaniającego się do malarstwa rodzajowego Fritza Mackensena, najwybitniejszym malarzem był Otto Modersohn. Początkowo i on jeszcze traktował pejzaż w sposób tradycyjny, ale w jego szkicach, które stopniowo przestawały być jedynie szkicami, krystalizowała się już w latach dziewięćdziesiątych dojrzała postawa nowoczesnego pejzażysty. W swoich notatkach Modersohn określił własny artystyczny ideał jako coś innego niż zwykłe malarskie traktowanie wdzięcznych motywów za pomocą kolorystycznych efektów i jako coś różnego od ,,nowszych malarzy światła", którym chodzi tylko o powietrze i światło. Swoje credo zawarł w następujących słowach: ,,Wewnętrzne przeżycia, uczucie obok dokładnej obserwacji. Z tym połączona prostota — naiwność".

Rilke, autor monografii grupy z Worpswede[16], uważał, iż punktem wyjścia tej grupy był romantyzm i komentarze malarza Rungego, który atrakcyjność malowania pejzażu widział w tym, że ,,człowiek szuka czegoś określonego w jego nieokreśloności". Okolice Worpswede pod tym względem były wymarzone dla malarzy, gdyż ,,równina daje nam poczucie wzrostu". Cała urocza kolorystyka i wstrzemięźliwa przedmiotowość tego zakątka kraju były podporządkowane tej głównej wartości przestrzennej, którą jedynie podkreślały pionowe linie samotnych brzóz. Niegdyś kraina ta była morzem i według Rilkego ,,nie może ona o tym zapomnieć"[16].

Także Modersohn głęboko czuł archetyp krajobrazu Worpswede i jego

15. Vojtěch Preissig *Wieś z drzewami*, około 1900

16. Alois Kalvoda *Grupa olch*, 1897

17. Antonín Hudeček
Jesienny wieczór, 1901

18. Otakar Lebeda
Jesień, 1897

okolic, i określał go pojęciem Kantowskim jako „rzecz samą w sobie", któremu niemiecka filozofia dodała znaczenia tajemniczości. W „uduchowionej" koncepcji pejzażu Modersohna, kładącej nacisk na siłę uczucia artysty, nie chodziło jednak o równoczesne zaprzeczenie wyjątkowości i bogactwa życia biologicznego. Przeciwnie, chodziło o wrażliwe spotkanie się krajobrazu, jako czegoś, co tu już jest i samodzielnie istnieje, z odczuciem malarza. Ten respekt przed przyrodą, ta cicha koncentracja nad jej istotnymi cechami, mogły mieć następnie, według Rilkego, jeszcze dalsze

konsekwencje o dużym znaczeniu dla namalowanego krajobrazu, gdyż w ten sposób dokonywał się wybór tego, co jest ważne, mnogość wiązała się „magnetyczną siłą" w jednolitą formę. Forma ta niosła wrażenie spokoju, intymności oraz zrozumiały efekt dekoratywny, który, co więcej, nie dotyczył tylko form obrazu, ale głównie jego barw. Przedmioty zyskały „wewnętrzną pełnię koloru", która dopiero dała nową, pożądaną jedność między przyrodą a sztuką. Jest interesujące, jak ta koncepcja — chociaż uważana za symptom „północnej, pełnej tajemniczości barwnej nabożności", tak różnej od południowej

barwnej wielomówności i efektowności — w założeniu była bliska sztuce Cézanne'a. Z czasem dzidzięki swej żonie, malarce Pauli Becker, Modersohn zaznajomił się z twórczością Cézanne'a i mimo istotnych różnic artystycznych, włączył go, obok Rembrandta, do swojego Panteonu. Artystyczne credo Modersohna wymagało „intymności, jako duszy sztuki", łączącej cudownie siłę i subtelność.

W twórczości Modersohna można prześledzić typowe przemiany w rozwoju malarstwa krajobrazowego, które chociaż często świadomie pozostawało poza francuskim impresjonizmem, to

19. Jakub Schikaneder *Zmierzch*, 1909

przecież miało także niewątpliwie nowoczesne aspekty. Ważne tutaj było szczególne ożywianie romantycznej podstawy nowoczesnego pejzażu przy jednoczesnym uwzględnianiu zaleceń realizmu i naturalizmu. Ta neoromantyczna cecha umożliwiała stworzenie skutecznej przeciwwagi dla opisowości i prowadziła do kształtowania się dążenia do stylowej integracji, wyrażającej się pewną dekoratywnością. Dla tego neoromantycznego składnika szybko znalazło się trafne słowo, które w końcu określiło całą tę część nowoczesnego malarstwa krajobrazowego, a zwłaszcza w latach dziewięćdziesiątych minionego stulecia zdobyło sobie rangę hasła: nastrój. Potwierdza to także w roku 1899 w czasopiśmie „Die Graphischen Künste" rozprawa *Nastrój jako treść nowoczesnej sztuki* autorstwa Aloisa Riegla, najwybitniejszego teoretyka sławnej wiedeńskiej szkoły historii sztuki[17].

Rieglowi nie chodziło o użycie słowa „nastrój" tylko w aspekcie eseistycznym, ale o jego zaszeregowanie jako pojęcia teoretycznego do ogólnego systemu rozwoju dziejów sztuki. Na początku autor stara się wyjaśnić doznanie psychicznego uspokojenia i odczucie życiowej harmonii, które opanowało go, gdy rozglądał się z alpejskiego szczytu, co przypomina jeden ze znanych obrazów Caspara Davida Friedricha. To poczucie ładu i praw nim rządzących nad chaosem dysonansów nazywa „nastrojem" i określa jego elementy: spokój i spojrzenie z odległości *(Ruhe und Fernsicht)*. Przeciwieństwem tego jest ruch i spojrzenie z bliska, jako elementy walki o życie. Nastrojowi możemy ulegać według Riegla nie tylko na szczytach górskich olbrzymów, ale i tam, dokąd nas prowadzi nowoczesne malarstwo pejzażowe — w cichych zatokach i na otwartych przestrzeniach wybrzeży morskich, patrząc na płaszczyzny mieniącej się wody, sięgające aż do widnokręgu. Nastrój nie jest w zasadzie wyłączony ze zjawiska żadnej rzeczy i stworzenia, warunkiem jest tu tylko spokój i spojrzenie z odległości. Dopiero właśnie sztuka jest najbardziej powołana do tego, aby wywołać u człowieka nastrój wynikający z doznania harmonii. Istotą nowoczesnego poglądu na świat jest przyczynowy stosunek do bliższego i odleglejszego otoczenia, a przestrzeganie tej zasady

20. Gustave Courbet *Dama z Frankfurtu,* 1858—1859

jest także istotą nowoczesnej estetyki sztuk plastycznych. Według Riegla w ten sposób przyczynowość rozwoju sama prowadzi do tego, że współczesna sztuka preferuje właśnie malarstwo, umożliwiające spojrzenie na przedmiot z odległości, zaś w samym malarstwie preferuje pejzaż, zajmujący tym sposobem czołowe miejsce w nowoczesnej sztuce.

Rozprawa Riegla była kulminacją kultu malarstwa pejzażowego w XIX wieku z punktu widzenia jego „naukowego" uzasadnienia, tak cenionego w tych czasach. I chociaż jej teoretyczne konkluzje są dzisiaj sporne, w pełni oddaje wielkie zainteresowanie, którym się pod koniec minionego stulecia rzeczywiście cieszyło malarstwo krajobrazowe. Koncepcja „nastrojowego" krajobrazu wywodząca się z poprzedzającego francuskiego *paysage intime,* dogadzała wzrastającemu subiektywizmowi, który wydostał się ze świata stałych form i szukał takiej zgodności między twórczą indywidualnością a światem, do osiągnięcia której nie byliby potrzebni tradycyjni pośrednicy. W obrazach tych dlatego zanikały ograniczone formy naturalnych przedmiotów i zacierała się różnica między

21. Jean Baptiste Camille Corot *Safona,*
około 1870

22. Paul Gauguin *Świerszcze i mrówki*,
1889

Paul Gauguin
Les Cigales et les fourmis

23. Pierre Cécile Puvis de Chavannes
Studium do obrazu Jesień, przed 1864

pierwszym a drugim planem, zanikały zatem wcześniejsze sposoby osiągania wrażenia perspektywicznej głębi. Także kolory, które często wpadały w modne pastelowe modulacje, transponowały lokalne barwy przedmiotów na poetyczne współbrzmienia. Rozwój ten był szczególnie szybki w latach dziewięćdziesiątych, kiedy malarstwo krajobrazowe stało się programowo ,,zwierciadłem duszy". Przebiegł on praktycznie przez wszystkie szkoły narodowe i stworzył, patrząc na to z międzynarodowego punktu widzenia, właściwie o wiele bardziej spoistą grupę niż sam impresjonizm, dość długo uważany za problem ekstremalny. Jeszcze około roku 1900 pozycja tego ,,nastrojowego" pejzażu była silna również w secesyjnych ugrupowaniach ówczesnej młodej generacji. Tę niezwykłą popularność ,,nastrojowego" pejzażu należy tłumaczyć tym, że pojmując płaszczyznę obrazu jako całość odpowiadał dążeniom do stworzenia nowego stylu dekoracyjnego.

Także na przykładach ówczesnych czeskich pejzażystów można prześledzić przebieg tego rozwoju. W obrazach Aloisa Kalvody i akwafortach Vojtěcha Preissiga widoczne są pierwsze stadia kształtowania się ,,nastrojowego" pejzażu. Jest w nich jeszcze stosunkowo wyraźnie zachowana samodzielność poszczególnych elementów natury, zwłaszcza drzew, aczkolwiek brązowa monochromatyczność akwaforty i przytłumiony odcień zieleni u Kalvody świadczą o dążności do uzyskania jednolitej płaszczyzny obrazu, a więc także spokoju, o którym pisał Riegl. Mistrzem w tworzeniu krajobrazowych nastrojów był Antonín Hudeček. Jego dzieła powstałe około 1900 roku, zarówno pod względem wyboru tematu, jak i pod względem formy, zasługują na specjalną uwagę. Hudeček chętnie malował jesienny lub wiosenny krajobraz w przejściowych chwilach przedwieczornej szarówki, kiedy mgławe światło zaciera kontury i umożliwia poetyckie marzenia. W tym aspekcie można jego obrazy w pełni łączyć z ówczesną naturalną liryką. Istotną rolę w jego poetyckich kompozycjach spełnia spokojna, zwierciadlana powierzchnia stawu, która tworzy jakiś obraz w obrazie i jest ogniskiem wszelkich odniesień. Te wodne ,,oczy ziemi" nadawały naturalnemu skądinąd krajobrazowemu ujęciu głębszy symboliczny

24. Vojtěch Hynais *Piknik,* 1889

25. Max Švabinský *Letni dzień,* 1906

26. Max Švabinský *Niepłodny kraj,* 1900

wymiar, dlatego że były poselstwem tajemnicy ziemi. Zawierały także własną metaforę kompozycji, łączącą obrazowo powierzchniowość z głębią, przede wszystkim w sensie psychologicznym. Cisza i spojrzenie z oddali, jako elementy nastroju omawianego przez Riegla, rzeczywiście zyskały tutaj sugestywny czar.

Motyw przedwieczornej spokojnej powierzchni stawu sprowadzał „nastrojowy" pejzaż do krainy pasywnej melancholii. Stanowiła ona u schyłku XIX stulecia istotny element życia uczuciowego, jednakże nastrój nie wykluczał bynajmniej aktywniejszego i „bardziej optymistycznego" stosunku do przyrody. Sam Hudeček malował również wartko płynącą wodę potoków, pokrytą wesołymi plamami słonecznego światła, zaludnioną kąpiącymi się. Na ogół były to sceny oglądane z bliska, które Riegl trafnie określił jako bardziej dramatyczny biegun sztuki. W malarstwie krajobrazowym oznaczało to opanowanie mniej zharmonizowanej kolorystyki, czego przykładem może być obraz Otakara Lebedy *Jesień*. I tutaj zapewne w rzeczywistości chodziło raczej o oddanie doznań człowieka obserwującego i odczuwającego naturalną scenerię niż o obraz samej przyrody. Obydwie postawy odnoszące się do nastroju w malarstwie wywodziły się z tego samego malarskiego stylu, dla którego charakterystyczne było łączenie barwnej plamy z dekoracyjną płaszczyzną.

Wczuwanie się w przyrodę było bez wątpienia głównym pierwiastkiem „nastrojowego" malarstwa krajobrazowego. Koncepcja Modersohna podejmowała próby zrównoważenia składnika subiektywnego i obiektywnego. Sugestia nastroju była jednak silniejsza. Poprzez psychiczny refleks malarza lub widza wydawało się, że jawi się jakaś tajemnicza, ukryta istota natury. Nie jest chyba przypadkiem, że najmocniej oddziałującymi obrazami tego „nastrojowego" malarstwa pejzażowego są obrazy przedstawiające przyrodę o zmierzchu lub w nocy. Jaką intensywność nastroju można było w tym kierunku osiągnąć, o ile malarz pozostał wierny pierwotnym założeniom, pokazuje *Zmierzch* Jakuba Schikanedera.

Z drugiej strony nie byłoby właściwe traktowanie rozwoju „nastrojowego" malarstwa krajobrazowego jako czystego powrotu do romantyzmu. Nawet

tutaj nie dało się wytrzebić doświadczeń naturalizmu. Chodziło raczej o to, że jego inklinacja do neoromantyzmu stwarzała dogodne warunki dla bardziej rozległej integracji stylowej i była zgodna z głównym wymogiem ówczesnej doby, który bynajmniej nie dotyczył naśladowania przyrody, ale stawiał sobie za cel wyrażanie nowego stosunku człowieka do świata za pośrednictwem jego reakcji na przyrodę.

Dzięki temu sztuka secesyjna końca XIX wieku mogła wykorzystać także jeden z najbardziej znanych tradycyjnych środków wyrazu sztuk plastycz-

27. Heinrich Vogeler *Wiosna*, 1896

28. Max Klinger *Pole żyta (Odpoczywająca Psyche)*, 1880

nych — personifikację alegorii. Należało ją co prawda dostosować do nowych wymagań estetycznych. A do tego właśnie dobrze się nadawało „nastrojowe" malarstwo pejzażowe.

W sztuce akademickiej drugiej połowy stulecia sporadycznie jawiła się alegoria przyrody w postaci nagiej kobiety, niekiedy z towarzyszącymi jej dziećmi, które przygarnia opiekuńczo. Często te idealistyczne postacie miały jako atrybuty kwiaty i w tym się już bez wątpienia przejawiał charakterystyczny synkretyzm, który w rzeczywistości raczej zacierał wyraźne znaczenie alego-

29. Antonín Hudeček *Wieczorna cisza*, 1900

43

30. Karel Purkyně *Obłoki*, 1865—1867

31. Auguste Rodin *Myśliciel*, 1880

rii, gdyż tak wcześniej była przedstawiana Flora, a nie sama Przyroda. W tym okresie idea artystyczna naturalistycznego iluzjonizmu prowadziła także do tego, że postać nagiej kobiety przedstawiano w ruchu i potem zwykle oznaczała już bachantkę, a więc witalną interpretację przyrody. To wszystko stanowiło jednak raczej tylko pozostałości starego alegorycznego systemu, stosowane bardzo dowolnie jako tematyczne formułki.

W wypowiedziach artystów i krytyków znajdziemy również często wyrażany sprzeciw w stosunku do „starego alegoryzowania". Już począwszy od Charles'a Baudelaire'a wzrastał brak zaufania do „ideowego" malarstwa, obciążającego wyobraźnię artysty i jego poczucie rzeczywistości zapożyczeniami ze starego idealizmu. Zarzut „literackości" — podstawowego przewinienia przeciw duchowi nowoczesnej sztuki — był w końcu najbardziej skutecznym ciosem krytyki.

W nowożytnym kryzysie alegorii pozostała wszak otwarta jeszcze jedna możliwość jej przeżycia. Zakładała ona jednak gruntowną rewizję jej rozwoju lub, dokładniej mówiąc, taką jej kodyfikację, jaką zastosował u schyłku XVI wieku autor pierwszej *Ikonologii* Cesare Ripa[18]. Romantycy już na początku stulecia zapoczątkowali tę reformę. Rezygnowali z alegorii jako izolowanej postaci ludzkiej wyposażonej w konkretne atrybuty, a zamiast tej formy zaczęli stosować dowolne zestawy naturalnych i sztucznych symboli, których zadaniem było prowadzenie widza do zrozumienia sensu dzieła drogą asocjacji lub metafory. To dynamiczne pojęcie znaczeniowych cech, określane niekiedy jako „arabeska", zastosował w roku 1810 Philipp Otto Runge przedstawiając *Przyrodę*. Podobne połączenie postaci ludzkiej z formami roślinnymi, jako „kwiaty życia", tworzył również William Blake (1757—1827), malarz i poeta angielski, który zdobił nimi strofy swoich wierszy. Romantyczna alegoria nie przechodziła więc bezpośrednio od obrazu do znaczenia, ale rozwijała łańcuch obrazów pozostawiając wyobraźni, by ta jakimś wegetatywnym sposobem przyczyniła się do wyłowienia ukrytego sensu.

Krytyczny duch światłego XIX stulecia wprawdzie ostudził żar pierwotnej romantycznej fantazji, jednak w rzeczywistości nigdy nie wyzbył się nowego,

32. Josef Schusser *Majowy wieczór*, 1897

dynamicznego pojęcia sensu, które zupełnie „powszednim" przedmiotom i zjawiskom życia codziennego nadawało głębszą treść. Courbet prześladował niewybrednym wyśmiewaniem wszelką fantastykę i twierdził, że malarstwo może przedstawiać tylko to, co rzeczywiście istnieje, ale właśnie jego najbardziej interesujące obrazy są dzisiaj charakteryzowane jako „realistyczne alegorie".

Znany obraz Courbeta *Dziewczęta znad Sekwany* i mniej znany *Dama z Frankfurtu* — namalowany na przełomie lat 1858—1859 podczas pobytu Courbeta w Niemczech i widocznie z tego powodu pewną irracjonalnością umyślnie zbliżający się do romantyzmu — były ważnymi próbami wyrażenia stosunku człowieka do przyrody. W tym sensie nie chodziło tylko o normalny genre, ale już sam duży rozmiar postaci wypełniających obraz oznaczał dążenie do programowego i „monumentalnego" rozwiązania.

Dziewczęta znad Sekwany są widziane z bliska. W obrazie jest dużo szczegółów: haftów, ubiorów, koronek i kwiatów — malarz dąży tutaj do oddania materialnej różnorodności, podczas gdy w *Damie z Frankfurtu* dominuje linia horyzontu przeświecająca w dali między jesiennymi drzewami. Polaryzacja punktu wyjścia występuje więc już w myśl podziału Riegla, ale obydwa obrazy łączy znowu temat tęsknoty, która w pierwszym z nich nosi znamiona światowej nudy, w drugim zaś oczekiwania. Postacie stają się w ten sposób właściwie pewnymi alegoriami stanów przyrody, w pierwszym wypadku jej letniej dojrzałości, w drugim jej jesiennego spokoju.

Obrazy Courbeta prezentują bardzo interesujące skrzyżowanie różnych możliwości; dlatego łatwa jest od nich droga tak do czystego malarstwa krajobrazowego, jak i do czystego malarstwa figuralnego. Jeszcze istotniejsze jest jednak, że mimo cech rodzajowych zawierają również wiele uogólnień między pojedynczymi przedmiotami obrazu a jego całością.

33. Vojtěch Preissig *Na balkonie*, 1904

Postać w pejzażu wyraża stosunek człowieka do całego świata, skupiając w sobie liczne zmysłowe, poglądowe odniesienia rozwijające się na płótnie. Takie ujęcie umożliwiało tchnięcie nowego życia w dotychczasowe pojęcie alegorii przyrody.

Jeśli Courbet był epikiem takiego przedstawiania przyrody, to potem Camille Corot był jego lirykiem. Mimo iż Corot wcale nie był agresywną i awanturniczą osobowością, jego osobista, intymna sztuka wywarła istotny wpływ na rozwój francuskiego malarstwa. Corot urodził się w ostatnich latach XVIII wieku, dokładnie przestudiował klasycyzm i nie dochodził do realizmu poprzez romantyzm, ale raczej nawiązując do rokoka. To naprawdę szczególny przypadek osiągania postępu przez konserwatystę. Biorąc pod okoliczność należy zatem i jego zaliczyć do przedstawicieli szkoły barbizońskiej i twórców francuskiego *paysage intime*. Jego twórczość, aczkolwiek sama w sobie jednolita, w oddziaływaniu na młodszą generację miała podwójne oblicze. W obrazach Corota powstających w drugiej połowie stulecia fascynuje wielka prostota, osiągana głownie osnuciem i przeniknięciem wszystkich przedmiotów srebrzystym powietrznym fluidem, uspokajającym i pogłębiającym scenerię. Corot wizualnie kołysze widza do snu o przyrodzie i łączy czystą zmysłowość z wizją całego świata. W historii sztuki był to jeden z największych panteistów. Swą świetlistą atmosferą wywarł wpływ na przyszły impresjonizm. Równocześnie jednak, niektórymi późniejszymi obrazami przedstawiającymi nagą lub ubraną postać kobiecą spoczywającą pod wielkimi drzewami, przyczynił się do rozwoju nowego idealizmu otoczonego poezją nastroju.

Następnym takim pozornym konserwatystą, którego twórczość w rzeczywistości antycypowała przyszłość, był Pierre Puvis de Chavannes. W jego monumentalnych malowidłach stanowiących dekorację wnętrz budowli publicznych w Dijon, Marsylii i Paryżu często daje się zauważyć jeszcze bardziej uderzające powiązanie z klasycznymi poprzednikami. Puvis malował przyrodę jako alegorię pór roku w tradycji malarstwa ściennego minionych stuleci. Znaczenie jego sztuki polega jednak nie tylko na tym, że w ten sposób stwarzał skuteczną przeciw-

34. Jan Preisler
Wiosna, 1900

wagę dla aktualnej absolutnej przewagi malarstwa sztalugowego i zwracal uwagę na istotne i nierozerwalne powiązania malarstwa z architekturą przy powstawaniu większych, monumentalnych kompleksów lecz także na tym, że już wskazywał niezbędne środki wyrazu artystycznego, które później mogły stanowić podstawę dla coraz bardziej poszukiwanej i pożądanej syntezy.

Tworząc malowidła ścienne Puvis de Chavannes uświadomił sobie, że ze względu na to, iż widz ogląda obraz z dużej odległości, malarz musi respektować podziały architektoniczne powierzchni i czytelność formy. Obraz namalowany według tych zasad, wystawiony potem na Salonie, spotkał się jednak z bardzo niechętnym przyjęciem. Dlatego jeszcze pod koniec lat siedemdziesiątych pod takimi obrazami umieszczał napis „panneau décoratif", aby uprzedzić widza o ich szczególnym przeznaczeniu i estetyce.

Przy tym już na jego szkicu do obrazu *Jesień* z roku 1864 wyraźnie widać, ile można było osiągnąć żywego wyrazu i czystego malarskiego efektu na tej zasadzie. Dopiero w latach osiemdziesiątych młodzi malarze pojęli te możliwości, wówczas jednak Gau-

guin krytykował znowu Puvis'a za jego „fini". Tym niemniej w ten sposób został dany ważny impuls, który miał powszechnie wywrzeć silny wpływ na rozwój nowoczesnej sztuki. W pojmowaniu przyrody łączenie przez Puvis'a dekoratywności z idealizmem torowało drogę symbolizmowi. Właśnie dzięki temu twórczość Gauguina mogła przekroczyć potem horyzont realistycznego pejzażu rodzinnych zakątków, który wówczas spełnił już swoje zadanie rozwojowe, a egzotyka wysp Oceanu Spokojnego uświadomiła znowu europejskiemu malarstwu pejzażowemu, że jego możliwości sięgają gwiazd. Nie chodziło przy tym jednak tylko o poszerzenie rejestru pomysłów o egzotyczne efekty — takich eksperymentów nie brakowało zwłaszcza od czasów romantyzmu, jak również we wcześniejszej sztuce i w końcu przyczyniły się one do powstania jednego z uznawanych rodzajów malarstwa akademickiego. Istotniejsze było to, że Gauguin swoim malarstwem wyczerpał alegoryczne możliwości tematu człowieka w pejzażu. Jego „dzicy" są rzeczywiście dobrze wkomponowani w krajobraz i w przyrodę, wśród której żyją, i to się odbija także w jednolitym stylu obra-

zów Gauguina. Jest to jedność życia i sztuki widziana i urzeczywistniana gdzie indziej, poza europejską cywilizacją. Stanowi to jednocześnie przykład dla innych — wyobrażenie raju, które będzie nadal pociągało artystów.

Europejska sztuka musiała jednak jeszcze poczekać na rozpowszechnienie ewangelii Gauguina. Bardziej odpowiadający jego sposobowi widzenia człowieka w przyrodzie był na przykład obraz z tegoż roku 1889 Vojtěcha Hynaisa *Piknik*. Hynais był zdolnym malarzem. Studiował w Wiedniu, a w Paryżu u Gérôme'a przyswoił sobie tę zręczność i elastyczność, z którą malarstwo akademickie potrafiło korzystać z luminizmu i iluzjonizmu. Znal malarstwo weneckie XVIII stulecia i wykorzystał to w swoich dekoracyjnych pracach, z których największą była kurtyna praskiego Národního Divadla. *Piknik* jest co prawda obrazem przeznaczonym do oglądania z bliska, na wystawie. Świadczy o tym anegdotyczny opis i uwaga poświęcona szczegółom. Krajobraz i postacie są tutaj tylko zestawione razem. Jest to właściwie jakby jakiś przegląd mody z lekkim erotycznym podtekstem. Głównym walorem obrazu jest jego żywa, atrak-

cyjna kolorystyka. Hynais skłaniał się tutaj raczej do tradycji malarstwa rodzajowego niż do pejzażu, ale i jego w końcu obowiązywała podstawowa ówczesna tendencja, dążenie do większej integracji postaci ze środowiskiem naturalnym. W latach dziewięćdziesiątych namalował reprezentatywny, monumentalny obraz *Sąd Parysa*, w którym pod pozorem mitologicznego tematu rozwinął studium nagiego ciała w świetlistej przyrodzie. Śmiałe zielone refleksy na karnacji skóry, którym poświęcił wiele uwagi w studiach do tego obrazu, stały się wręcz synonimem nowoczesności dla jego uczniów w praskiej Akademii Sztuk Plastycznych.

Naturalistyczne konkurowanie z przyrodą mogło być jednak tylko środkiem służącym do przekazywania własnych treści. I tutaj natychmiast zaczęto z powodzeniem stosować „nastrój" jako wyraz psychicznego stosunku człowieka do przyrody, co potwierdza akwaforta Maxa Švabinskiego *Letni dzień*, w której znowu dominuje przyroda. Sugestywny obraz Antonína Hu-

dečka *Wieczorna cisza*, w którym skupia się całe jego doświadczenie pejzażysty i liryka, stanowi przeciwieństwo *Pikniku* Hynaisa. Ożywiona zabawa i umizgi zostają zastąpione cichym nasłuchiwaniem, harmonią o zabarwieniu błogiej melancholii. Jednocześnie ze zmianą nastroju w malarstwie zmienia się także sposób malowania. W miejsce barwnych akcentów pojedynczych form figuralnych następuje scalenie płaszczyzny za pomocą rozłożenia podstawowego akordu fioletu i zieleni na drobne plamy pokrywające obraz. Ten zwrot do stylowej dekoratywności jest jednocześnie kompensowany głębią liryzmu i subtelnego zróżnicowania tonów podstawowej skali w ich stosunku do światła.

Pogłębiony stosunek do przyrody wywodził się jednak przede wszystkim z kompozycji figuralnej. Już na przykładzie *Damy z Frankfurtu* Courbeta i *Safony* Corota było widoczne, że mimo różnic w indywidualnym stylu malarskim, występował tutaj wspólny motyw kobiecej postaci w krajobrazie. U Courbeta szło przy tym bardziej

35. Jan Preisler *Wiosenny wieczór*, 1898, część środkowa i lewe skrzydło

37. Eugène Boudin *Droga w Villers*, 1895

niewiasta spogląda na domek dla ptaków, wśród traw płynie strumyk; krajobraz przypomina park, w którym pnie brzóz nie pozwalają spojrzeniu widza przeniknąć zbyt szybko do linii horyzontu, gdzie pośrodku widać wiejski dom. Pogodny nastrój obrazu podkreśla bordiura z kwiatów. Typowe jest przy tym łączenie przez artystę dwóch ukazywanych światów — rzeczywistego i idealnego. Widoczne jest to już w postaci siedzącej kobiety, którą zdobi bogato wyszywana szata. Właśnie to wzajemne przenikanie odświętnego nastroju i codzienności, bliskiego i odległego, nieba i ziemi jest podstawą stylowej syntezy, widocznej u Vogelera w czystym kontrapunkcie rysunku i dekoracyjnym rozłożeniu czerni i bieli.

Wiosna jest porą roku, z którą łączy się niewinność i nadzieję. Również w ówczesnej poezji budząca się do życia wiosenna przyroda była rozumiana jako niesplamiona, dziewicza, odpowiadająca młodości człowieka i współbrzmiąca z odczuciem idealnych wartości. Dlatego wiosna była częstym tematem programowych prac młodych artystów,

nowej generacji wstępującej w latach dziewięćdziesiątych na artystyczną scenę. Stowarzyszeni w awangardowych zespołach twórczych charakteryzujących się żywą i prawdziwie „wiosenną" aktywnością kulturalną, byli przekonani, że są powołani do stworzenia nowej sztuki, wymykającej się dotychczasowej inflacji wartości kulturalnych.

Dążenie do oryginalności i autentyzmu, widoczne już w ówczesnym kulcie malarstwa krajobrazowego, przeniknęło również do malarstwa figuralnego. Malarstwo to szybko wyrzekło się tak lubianego wcześniej przedstawiania zdarzeń historycznych i, wykorzystując możliwości stworzone przez intymne i nastrojowe malarstwo pejzażowe, subtelnym przewartościowaniem krajobrazu przywróciło to, co z punktu widzenia „postępu" wydawało się całkowicie spisane na straty, to znaczy alegorię. Konieczne było wyzwolenie malarstwa figuralnego od jego dawnej „literackości", nie mogło to jednak oznaczać całkowitej rezygnacji z tematów wyznaczających właśnie to, co było ogólną podstawą w indywidualnych poszukiwaniach nowej sztuki, w czym tkwił etos całego artystycznego ruchu młodej awangardy. Wielkie znaczenie miało więc znalezienie i kultywowanie takich motywów plastycznych, które mogły być nośnikiem tych treści, a jednocześnie w dostatecznym stopniu nadawały się do przetwarzania przez różne indywidualności twórcze.

Dla wyrażenia ogólnego ukierunkowania nowej sztuki lirycy tej generacji wypracowali temat Wiosna w uczuciowej polaryzacji z tematem Jesień. Trze-ba było jednak ów temat ideowy wyrazić w takiej postaci, która by go raczej wywoływała i sugerowała, a nie jedynie schematycznie ilustrowała.

To było zadanie, które nie dawało spać młodym malarzom. Możemy to zauważyć również w końcu lat dziewięćdziesiątych w twórczej aktywności członków czeskiego secesyjnego stowarzyszenia plastycznego Mánes. Rozwiązanie zadania narzucało się im w dwóch kierunkach. Josef Schusser, uczeń Vojtěcha Hynaisa, wykorzystał w swoim obrazie *Majowy wieczór* moż-liwość, jaką dawało połączenie malarstwa figuralnego z intymnym malarstwem pejzażowym. Jego świetlny luminizm umożliwił przedstawienie w feerycznym bogactwie barwnych tonów biało odzianej niewiasty w kwitnącym ogrodzie. Obraz ten działa nie tylko na zmysł wzroku, ale nieomal wywołuje bardzo przyjemne efekty zapachowe. Obraz Schussera stanowił oazę wdzięku i spokoju, zachęcał do marzeń i cieszył się wielkim uznaniem wśród poetycko usposobionej części publiczności. Natomiast obraz Jana Preislera

38. Alfred Sisley *Śluza w Moret*, 1882

Wiosenny wieczór łączył nastrojowy krajobraz z symboliką. Poezję personifikowała w nim naga uskrzydlona postać leżąca w brzozowym gaju, przypominająca spadłego Ikara. Ogólny nastrój obrazu nie był jednak tragiczny — i tutaj głównym odczuciem była tęsknota. Zmysłowy czar kolorów nie zmierzał do wywołania iluzji równoznacznej z rzeczywistością, ale wzmacniał melanchojiny akcent, otwierał uczuciową sferę obrazu w nieskończoność.

Obie te prace można uważać za udane, ale obie jeszcze nie osiągnęły w pełni celu. Schusser był zbyt sentymentalno-sensualny, Preisler zaś zbyt idealistyczno-romantyczny. Schusser bardziej podobał się publiczności, ale Preisler w większym stopniu rokował dojście do własnego stylowego wyrazu. Dowiódł tego w roku 1900, kiedy niespodziewanie zaprezentował wielki tryptyk zatytułowany *Wiosna*. Tym dziełem Preisler zdobył sobie czołowe miejsce wśród młodych czeskich przedstawicieli malarstwa figuralnego.

Preisler już w roku 1898 naszkicował alegoryczną postać kobiety siedzącej w brzozowym lasku między resztkami wiosennego śniegu i nazwał swą kompozycję *Topnienie*. To ówczesne wyobrażenie poetycznego stanu człowieka

39. Camille Pissarro *Sad w Val Hermé,* 1880

40. Claude Monet *Damy w kwiatach*,
1875

i natury, które dokładnie uściślił swą grafiką Vogeler, znalazło się również w wielkim tryptyku Preislera i jest najbardziej czytelne w jego skrzydłach, wyobrażających jednocześnie pewne zaangażowanie emocjonalne ukryte w tym motywie. Nieistotne było przy tym, do jakiego stopnia Preisler naśladował Vogelera, gdyż i ten nie wymyślił sam wspomnianego motywu. Raczej sprawdziła się tutaj ogólna atrakcyjność tematu postaci w krajobrazie, który mógł być ciągle powtarzany w różnych wariantach. W tym sensie Preisler go reinterpretował, gdyż w środkowym, głównym polu tryptyku zamiast postaci kobiecej umieścił młodzieńca, siedzącego ze złożonymi rękami i głową opartą o pień drzewa. Tłem jest wiosenna dolina, krajobraz budzony z zimowego snu przez słońce i smagający wiatr. I tutaj za brzozami pojawia się alegoria Wiosny w szacie zdobnej kwiatami. Na wysokiej linii horyzontu, ku której biegnie łagodnie ukształtowany krajobraz, widnieje znów dom. Najbardziej charakterystyczne dla obrazu Preislera, co zresztą było również cechą malarstwa Vogelera, jest przeplatanie się dwóch widoków — „zewnętrznego" i „wewnętrznego". Tę dwoistość wykazuje także strona techniczna obrazu, gdyż artysta łączył tu malarskość iluzjonistycznego luminizmu, wraz z zielonymi refleksami Hynaisa odbijającymi się na śnieżnobiałej koszuli chłopca, z symbolicznym rozumieniem koloru w postaciach alegorycznych. Obraz jest przeniknięty atmosferą intymności, wynikającą choćby z określonej zamkniętej scenerii krajobrazu. Fakt, że główną postacią tryptyku jest młodzieniec a nie kobieta prowadzi do jeszcze dalszych konsekwencji znaczeniowych. W ten sposób Preisler znaczenie stylowego motywu tematycznego znowu przesuwa ku sferze bardziej dramatycznej i konflikto-

41. Claude Monet *Boulevard des Capucines*, 1873

42. Edgar Degas *Tancerka*, 1882—1891

wej, rozumianej jako temat dojrzewania płciowego. Można powiedzieć, że dzięki tej zmianie zostało osiągnięte jeszcze ściślejsze zespolenie postaci z rajobrazem, przynajmniej o ile to było możliwe w ramach alegorycznego tematu. Jednocześnie ważne jest, że głowna postać nie jest wyidealizowana i w porównaniu z pozostałymi postaciami tryptyku sprawia wrażenie realistycznej. Wszystko rozgrywa się tu w sferze psychicznej. Świat młodzieńca złożony jest z jego poetycznych wyobrażeń oraz ze zmysłowego odczuwania przyrody. Dojrzewanie płciowe rozumiane jako okres udręki a jednocześnie błogi, którego sensem jest synteza świata zewnętrznego i wewnętrznego, indywidualnej psychiki i rytmu natury, wyraził artysta w geście bezradnie splecionych między kolanami rąk młodzieńca. Analizując kompozycję obrazu zauważymy, że właśnie te ręce stanowią węzłowy punkt linii diagonalnych łączących środkowy obraz tryptyku z jego skrzydłami. Tu, a więc na dole, leży punkt ciężkości obrazu, w cielesności jego bohatera i tym jest także określony jego harmonijny związek z krajobrazem. Istnieje jednak jeszcze „wyższe" odniesienie, określone głowami postaci, którego niespójność służy także do wyrażenia psychicznego stanu udręki. Obraz Preislera, chociaż działa na widza przede wszystkim przez uczuciową siłę koloru, jest bardzo dobrze przemyślany kompozycyjnie, a jego główny temat — synteza dwóch rozmaitych elementów, jest wyrażany wielokrotnie w różny sposób. Nawet dwa pnie brzóz wydają się łączyć postać młodzieńca z alegorią Wiosny.

W swej istocie kompozycja Preislera była właściwie podobna do układów stosowanych przez manierystów XVI wieku, którzy świadomie przeciwstawiali kompozycji zawartej w schemacie kołowym z jednym punktem centralnym układ eliptyczny z dwoma ogniskami, ale tworzący równocześnie zwartą całość.

Wiosna Preislera jest więc już w swoim założeniu kompozycyjnym świadectwem sytuacji, w jakiej znajdowała się sztuka w końcu XIX wieku, kiedy to wszechpotężny dotychczas naturalizm i iluzjonizm znalazły się w ślepym zaułku. W tym samym roczniku „Die Graphischen Künste", w którym Riegl publikował swoje studium o nastroju jako treści nowoczes-

nej sztuki, czytamy te słowa Wilhelma Schölermanna: ,,W ciągu ostatnich pięciu lat sztuka dąży do uproszczenia i oczyszczenia się. Nie szuka ona już więcej naturalności, koncentruje się raczej na poszukiwaniach stylu. Po okresie bezpośrednich obserwacji natury, jej zagorzali zwolennicy całkowicie ukierunkowali swoje zainteresowania, koncentrując je na środkach wyrazu. W sztuce dokonał się gwałtowny przewrót. Idealistyczne, nacechowane tęsknotą do tajemniczości, niecierpliwe marzenia naszych czasów znalazły artystyczny wyraz w symbolizmie, zaś zdrowy realizm — w indywidualistycznych poczynaniach najrozmaitszych kierunków. Przekonano się, że sztuka, zapewne z samej swojej natury, musi sama dla siebie wytwarzać ciągłe impulsy. Wywnioskowano też, że poza naturą w samej istocie sztuki znajdują się pierwiastki własne, specyficzne i najdoskonalsze w swej istocie, będące czymś więcej a zarazem czymś mniej niż natura. Należą do nich niezbywalne prawa do selekcji, inicjatywy oraz upraszczania, po to, aby w ten sposób dopiero dochodzić do najczystszego i najpełniejszego wyrażania siebie samej. Tylko z takiego pojmowania sztuki wyrasta określony styl. Tak było we wszystkich epokach, we wszystkich sztukach i u wszystkich ludów. Styl naszej współczesności, nie bez racji, nazwano «telegraficznym». Określenie to zresztą rzeczywiście wyraża najlepiej główny rys jej istoty, jakkolwiek sens tego zjawiska bardziej technicznie uzewnętrznia się w sztuce dekoracyjnej, której wpływy i tendencje odczuwamy i dostrzegamy wszędzie."[21]

Sztuka, która i przez Riegla była rozumiana nie jako naśladowanie przyrody, lecz jako współzawodnictwo ludzkości z naturą, upomniała się znowu o swoje prawa po dość długiej epoce podziwu dla iluzjonizmu i „żywej" siły przekonywania. Obrazy w rodzaju *Wiosny* Preislera w istocie dobrze wyrażały dylematy artystów, starających się zarówno utrzymać zdobycze naturalizmu i iluzjonizmu, jak i odpowiedzieć na coraz to potężniejsze wołanie o głębszą treść i szersze uogólnienia. Właśnie motyw postaci w krajobrazie, który zastąpił wcześniejsze personifikacje natury i statyczną alegorię nowym dynamicznym stosunkiem człowieka do przyrody, pozwolił zróżnicować treść i wyraz dzieła.

U Preislera w całym obrazie dominują postacie, chociaż krajobraz nie jest jedynie tłem i w znaczącym stopniu włączony został do akcji. Jednak właśnie za pomocą postaci Preisler dokonuje pewnego przewartościowania pojęcia ,,natury", które według niego nie jest już równoważne jedynie z krajobrazem i jego nastrojem, lecz stanowi wspólny mianownik człowieka i krajobrazu. Częścią składową natury są także uczucia i psychika człowieka, który ukazany jako młodzieniec będzie podlegał prawom natury w procesie dojrzewania. Natura nie znajduje się więc obok człowieka, ale w człowieku. W ten sposób wykorzystano maksymalnie możliwości, jakie dawał temat postaci w krajobrazie, aby umożliwić nowoczesnej sztuce zarzucenie naśladownictwa i podjęcie własnych środków wyrazu.

Dążenie do psychologicznej treści pojęcia ,,natura", które rozwinęło się później w nieprzedmiotowych dziełach nowoczesnej sztuki, wyrażało się akcentowaniem udziału imaginacji w artystycznym procesie twórczym. Jednocześnie tam, gdzie postać w krajobrazie została utrzymana jako motyw tematyczny, obserwujemy zjawisko, które jest w końcu z rozwojowego punktu widzenia na swój sposób logiczne. To rozwiązanie, będące już archaizmem na początku naszego stulecia, wraca także ideowo do swoich początków, do pierwotnej romantycznej inspiracji. W okresie secesji przedstawienia postaci ludzkiej ulegają przemianie, stają się bardziej idealne, co pociąga również zmiany krajobrazowej scenerii. Artyści najchętniej ukazują teraz zachody słońca i godziny wieczornego spokoju, przeżywanego już nie tylko jako liryczny nastrój, ale wprost jako zapowiedź artystycznej metafizyki. Krajobraz ulega stylizacji i staje się pejzażem imaginacyjnym, co często nie wyklucza zmysłowości w jego barwach i kształtach. W końcu symbolistyczna stylizacja zmienia się na krajobraz nocny, w którym szczegóły są przytłumione, a nad sugestywnymi zarysami świetlnie fosforyzującej materii krajobrazu sklepia się wysokie niebo wypełnione cudownym blaskiem gwiazd.

Wszystkie romantyczne hymny o pięknie nocy i jej duchowej głębi znajdują ilustrację w tych dziełach, z których większość została wykonana technikami graficznymi. W wielu z nich

krajobraz sprowadzono do roli symbolu, jak na przykład w pracach Vojtěcha Preissiga, który w swojej grafice *Bława- tek* nawiązał do Vogelera i kontynuował jego bajkową nutę aż do kompozycji *Na balkonie*. Cała przyroda została tu ograniczona do stylizowanego drzewka, ale tę umowność artysta zrównoważył kolorytem grafiki, której główny artystyczny efekt polega na oddaniu poezji późnego wieczoru płaszczyznami ewokującego koloru. W czarnobiałej grafice Františka Koblihy *Majowa noc* dominuje już całkowicie romantyzm „świętej, jasnej nocy". Zarówno krajobraz jak i postać są tu tylko środkami wyrażenia kosmicznego wymiaru życia, w którym wszystko co ziemskie jest wypromieniowaniem czegoś ponadzmysłowego i wiekuistego, czemu jedynie można się poddać.

Jeśli podsumujemy przemiany, jakim podlegał temat postaci w krajobrazie wyrażający ogólniejszy stosunek czło-

43. Etienne Jules Marey *Skaczący mężczyzna*, około 1882

wieka do natury, to widzimy, że realistyczne innowacje były wprowadzane stopniowo i celem ich było przenoszenie uwagi ze szczegółów na uogólnienia. Obok uczuciowego i psychologizującego wczuwania się, ważną rolę odegrało tutaj jeszcze inne nastawienie, mniej związane z tradycją, a bardziej wyrażające szczególną, rzeczowość i niezależność tych czasów.

W drugiej połowie XIX wieku, wychodząc od francuskiego *paysage intime*, malarstwo zmierzało w dwu kierunkach, z których jednym był „nastrojowy" pejzaż, a drugim impresjonizm.

Niekiedy za prekursorów impresjonizmu uważani już byli pejzażyści malujący na wybrzeżu w okolicy Honfleur — Louis Eugène Boudin i Johan Barthold Jongkind. Głównym tematem ich obrazów był szeroko otwarty krajobraz, w którym z upodobaniem odtwarzali świetlne refleksy na powierzchni wody. Faktycznie stworzyli oni znaczące tematyczne i plastyczne podstawy samego impresjonizmu. Jednak optyka ich obrazów była jeszcze zbytnio ukierunkowana na „malarski motyw", a większości ich prac brakowało tego znamiennego zbliżenia się do przedmiotów, bezpośredniości spojrzenia, nie tylko w zakresie swobodniejszego posługiwania się kolorem, ale też wyboru formatu i podziału obrazu, co cechowało właśnie młodych impresjonistów.

Na początku lat sześćdziesiątych Camille Pissarro chyba jako pierwszy, namalował obraz całkowicie w plenerze i tak zrealizowało się jedno z charakterystycznych wymagań impresjonizmu. Jego przyjaciele z Académie Suisse i silniejsza „czwórka" z akademickiego atelier Gleyre'a — Jean-Frédéric Bazille, Alfred Sisley, Pierre-Auguste Renoir i Claude Monet — stworzyli wolne stowarzyszenie malarskie, które jednak swą nazwę otrzymało dopiero w roku 1874 przy okazji pierwszej wspólnej wystawy w Paryżu. Jeden z nieżyczliwych im krytyków obrał za cel swoich kpin obraz Moneta *Impresja, wschód słońca*, malowany na redzie portu w Hawrze. Odtąd do grupy młodych malarzy wrażeń z natury przylgnęła nazwa impresjonistów.

Impresjonistów nie łączyła nigdy jakaś teoria programowa. Wspólne im było raczej silne, nowe odczucie rytmu życia i chęć wprowadzenia na swój nieortodoksyjny sposób zasadniczych zmian w widzeniu świata. Głębokie rozumienie życia pozwalało im przez całe dziesięciolecia stawiać opór naciskowi materialnemu i moralnemu. Dopiero w latach dziewięćdziesiątych malarstwo ich zostało zaakceptowane, a w końcu przyniosło swym twórcom sławę.

Jak ciężkie lata musieli przeżyć impresjoniści, wiemy z ich listów, w których nie brakuje momentów głębokiej depresji na pograniczu samobójstwa z biedy i głodu. Tym bardziej zadziwiają ich obrazy powstałe w tym okresie, przepojone zachwytem nad pięknem i pełnią życia, podziwem dla jego niezniszczalności i dynamicznych sił natury. Według Lionella Venturiego moralna postawa impresjonistów odzwierciedlała powstanie nowych warstw społecznych, silnych w swej pewności i prostolinijności, wiernych ideałom i hołdujących zasadom libertynizmu.

Po Courbecie pierwszym patronem tej grupy był Édouard Manet. Jego

Śniadanie na trawie przetwarzali chyba wszyscy impresjoniści już w latach sześćdziesiątych w różnych wariantach. Ta okoliczność jest interesująca dlatego, że pomaga wyjaśnić to, co odróżnia impresjonistów od wyspecjalizowanych pejzażystów. Dla nich punktem wyjścia nie był tylko „czysty" pejzaż, ale również monumentalizowany miejski genre Maneta. Również oni wykorzystywali temat postaci w krajobrazie, jednak widzieli go w nowy, prosty sposób.

Claude Monet, który z czasem stał się głównym przedstawicielem impresjonizmu, już w 1866 roku chciał zaprezentować na Salonie olbrzymie płótno przedstawiające towarzystwo na pikniku w lesie Fontainebleau. Miało ono być manifestem nowego malarstwa plenerowego. I chociaż ostatecznie na parę dni przed otwarciem Salonu Monet zwątpił w swoje dzieło i zrezygnował z wystawienia go, niemniej jednak stanowiło ono godny uwagi moment w rozwoju nowoczesnego malarstwa.

Tło obrazu, nie było już tradycyjnym spojrzeniem w dal, ale wypełnione prześwietlonym słońcem listowiem drzew, pomagało stworzyć wrażenie intymności, a jednocześnie wprowadzało do repertuaru malarskich środków wyrazu słynną impresjonistyczną „plamę", umożliwiającą malarskie wyrównanie wielkiej płaszczyzny jako całości. Efekt słonecznego światła na przedmiotach jednoczył również postacie ludzi ze środowiskiem przyrody.

Dla impresjonistycznego rozwiązania tematu postaci w krajobrazie charakterystyczne jest także zintegrowanie postaci z przyrodą: postać nie odbija się romantycznie od krajobrazu, ale funkcjonuje w nim jako naturalna część całej scenerii. Impresjoniści wypróbowali to w szczęśliwym dla malarstwa okresie schyłku lat sześćdziesiątych, gdy przyjeżdżali do Bougival i na ruchliwym nabrzeżu Sekwany wokół słynnej kawiarni La Grenouillère, pełnej wesołych gości i wioślarzy, malowali migawki z tutejszego życia.

Złota era impresjonizmu nastała w latach siedemdziesiątych, zwłaszcza w okresie, gdy malarze skupiający się w Argenteuil osiągnęli całkowitą zgodność pomiędzy wymaganiami tematu a malarskimi środkami wyrazu. Tutaj rozwinął się klasyczny typ impresjonistycznego obrazu, na którym między dwoma wielkimi lustrzanymi reflektorami nieba i powierzchni wody tętni życie

w bogatym żywym rytmie barwnych refleksów, jako czuły zapis realności chwili. W tym czasie wpływom impresjonizmu podlegała także twórczość Édouarda Maneta.

Dwie atrakcje, których rodowód leżał, tak samo jak rodowód pomysłów impresjonistycznych, na pograniczu kultury, stanowiły zewnętrzny bodziec dla rozwoju impresjonistycznego światopoglądu malarskiego, znajdującego się w zasadniczej opozycji w stosunku do ówczesnego malarstwa akademickiego. Pierwszą była fotografia, drugą japońskie drzeworyty.

Fotografia w Paryżu święciła sukcesy już w połowie stulecia, szczególnie zaś na Wystawie Światowej w roku 1867. Karykatury wybitnego przedstawiciela fotografii, Nadara, wskazują na dużą popularność tej demokratycznej sztuki. Jeden z rysunków przedstawiający Nadara z aparatem fotograficznym wśród ubóstwiającego go tłumu nosi napis „Sol lucet omnibus" — Słońce świeci dla wszystkich.

Już sama popularność fotografii musiała być przyciągająca dla impresjonistów. Do tego dołączyła się następnie technika, czyli szybkość wykonania oraz korzyści ekonomiczne, które fotografia dawała. Czarno-biała fotografia, uważana za „malowanie światłem" i za sztukę, którą tworzy sama przyroda, osiągnęła swą techniczną doskonałość dopiero w 1880 roku, kiedy zastosowano suchą szklaną płytę Kodaka umożliwiającą dokonywanie prawdziwie migawkowych ujęć. Na fotografię kolorową przyszedł czas dopiero na początku naszego stulecia. Malarstwo impresjonistyczne nie tylko znajdowało się pod wpływem fotografii, lecz również z fotografią konkurowało. Wzrost roli iluzjonizmu, który w drugiej połowie wieku stał się inspiracją dla całego malarstwa, czy to modernistycznego czy akademickiego, można również uważać za wyraz tej szczególnej sytuacji historycznej, kiedy sztuka przeżywała jeden z podstawowych zwrotów w swoim rozwoju, a na początku broniła jeszcze swej domeny wizualnego przedstawiania przed wtargnięciem doń mechanicznej techniki. I chociaż niektórzy nowocześni artyści mieli poważne zastrzeżenia w stosunku do fotografii, prawie wszyscy wykorzystywali ją jako przynoszący oszczędności materiał pomocniczy. Szczególnie tam, gdzie szło o zwyczajną produkcję

44. Georges Seurat *La Maria w Honfleur,*
1886

45. Paul Gauguin, projekt talerza, 1889

o przeznaczeniu dekoracyjno-konsumpcyjnym artyści chętnie korzystali z oszczędności, jakie dawała im fotografia zastępująca drogie pozowanie żywych modeli. Niebawem zaczęły wychodzić specjalne obrazkowe czasopisma zawierające ,,kompozycje" fotograficzne, znajdujące nabywców nie tylko w świecie artystycznym. Powstał w ten sposób szczególny paradoks: fotograficy starali się prezentować swoje dzieła jako obrazy, podczas gdy malarze, jak w przypadku impresjonistów, zaczęli przybliżać artystyczny sposób widzenia rzeczywistości do nie zaaranżowanego ujęcia fotograficznego.

Drugą atrakcją, którą objawili paryscy twórcy za pośrednictwem Wystaw Światowych, była sztuka japońska. Już w połowie lat pięćdziesiątych drzewory-

ty japońskie oczarowały Félixa Bracquemonda. Zaczęły one docierać do Europy po zawarciu porozumienia otwierającego japońskie porty dle amerykańskiego i europejskiego handlu. W latach sześćdziesiątych japońszczyzna stała się nową modą dzięki prężnie rozwijającemu się sklepikowi ,,La Porte Chinoise" pani Desoye i niebywałemu sukcesowi pawilonu japońskiego na Wystawie Światowej w roku 1867. Chłonąca osiągnięcia cywilizacji i pozytywistycznie nastawiona druga połowa XIX stulecia odczuwała też pewien romantyzm odległości. Japonia — która po przewrocie w roku 1868 pozbawiającym władzy wyższe warstwy szlacheckie będące ostoją izolacjonizmu w pełni otwarła się na Zachód — stanowiła w tym zakresie całkowicie nowy i nie spowszedniały teren. Co więcej, japońskie druki i porcelana były nie tylko egzotyczne, ale także w wysokim stopniu ,,uszlachetnione" oraz niespodzianie ,,nowoczesne" przez prostotę środków, za pomocą których uzyskiwano wspaniałe efekty artystyczne. Podstawą widzenia świata w sztuce japońskiej był również naturalizm, ale całkowicie przełożony na linie i barwne płaszczyzny. Ta twórczość opierała się przede wszystkim na zmysłowym oddziaływaniu całego obrazu, na kolorystyce kształtującej wrażliwość odbiorcy jeszcze przed przyjrzeniem się szczegółom. Japończycy nie odwzorowywali rzeczywistości, lecz raczej ją przypominali i ewokowali. W ten sposób pozostawiali znaczną swobodę fantazji widza, która sama wzbogacała obraz następnymi asocjacjami odczuć lub zdarzeń.

Impresjoniści podziwiali japońską sztukę i upatrywali w niej pewnego potwierdzenia swojego własnego artystycznego stosunku do przyrody. Obrazy impresjonistyczne z lat siedemdziesiątych można w pewnej mierze uważać za połączenie fotograficznej zdolności przekazania ostrości szczegółów w świetle słonecznym i nowego artyzmu japońskich barwnych drzeworytów. W rzeczywistości była to jednak twórczość oryginalna, mająca swoje własne specyficzne cechy stylowe.

Wiązanie pojęcia impresjonizmu ze stylem jest utrudnione, gdyż impresjoniści na pewno nie chcieli swojej wypowiedzi stylizować. Znawcy impresjonizmu uważają, iż był on kierunkiem grupowym bardzo krótko, tylko

46. Vincent van Gogh *Zielone żyto*,
1889—1890

być rozwiązana jeszcze bardziej radykalnie.

Natura mogła być przez ten kierunek zrozumiana nie tylko jako stan pasywny, ale również jako substancja dynamiczna. Już przed połową stulecia angielski teoretyk, John Ruskin, pisał o organicznym pojęciu formy, a jeszcze w uzależnieniu od romantycznej ideologii rozumiał przyrodę nie jako sumę przedmiotów natury, lecz jako organiczną, stale w wyrazie się zmieniającą żywą energię. Jego teoria „niewinnego oka", nieobciążonego konwencjonalnymi, formalnymi przesądami dotyczącymi kształtów przyczyniła się również do rozwoju sensualizmu w następnych dziesięcioleciach. Dla malarzy nie było problemu zrozumienia światła jako głównego nośnika życia tak odbieranej przyrody. U teoretyków dojrzałego impresjonizmu lat osiemdziesiątych, takich jak Jules Laforgue, mówi się już wprost o życiu światła (la vie lumineuse), spotykającym się z życiem człowieka w otoczeniu natury. Pojęcie życia, które w miejsce starego odwzorowywania stało się nowym łącznikiem między człowiekiem a przyrodą, było rozumiane na pewno przede wszystkim empirycznie. W teorii widoczne były więc odpowiadające duchowi czasu wpływy darwinizmu, dominującego w naukach przyrodniczych.

Następnym istotnym łącznikiem między rozwojem człowieka i rozwojem przyrody była niewątpliwie kategoria czasu. Oba składniki, jak to później sformułował Henri Bergson, były nadal rozumiane w ciągłej zmianie, w nieprzerwanym nurcie trwania. Serie Moneta przedstawiały „krzywą życia" światła. Na jego obrazach fasada katedry w Rouen zalewana była modulowanym i wibrującym porannym, południowym i wieczornym światłem. Pojedynczy obraz już nie stanowił ostatecznego celu wysiłków malarza, jak to miało miejsce we wszystkich „machines" przygotowywanych na oficjalne Salony. Był on tylko częścią o wiele obszerniejszej całości, w której sztuka przyłącza się do pryncypiów tego, co jest rzeczywiście realne, do czasowych pryncypiów samego życia.

Pojęcia: przyroda, życie, czas, rozwój są trwale złączone z pojęciem ruchu, który w sztukach plastycznych przejawia się jako malarska seria lub jako dynamiczna linia. Także twórczość Seurata, chociaż w porównaniu z „mi-gawkowością" Moneta była bez wątpienia o wiele bardziej refleksyjna i „permanentna", skierowała się w drugiej połowie lat osiemdziesiątych ku problematyce ruchu. Seurat nie chciał wprawdzie zrezygnować ze swojej „naukowości". Także przy tworzeniu obrazów wyraźnie opartych na dynamicznej krzywej (na przykład Cyrk) w skomplikowany sposób starał się być w zgodzie z nauką Henry'ego o wyrazowych właściwościach kątów[24]. Pomimo tego jego twórczość była właściwie tylko skrajnym, racjonalnym biegunem ówczesnych tendencji, których drugim biegunem stała się twórczość kierującego się instynktem Moneta.

Fotografia mogła również przyczynić się do zainteresowania problematyką ruchu, a także częściowo ją stymulować. Po Muybridge'u zastosował ją do zapisu ruchu francuski fizjolog, Etienne Jules Marey (1830—1904), którego „chronofotografie" nie śledziły ruchu modela w oddzielnych sekwencjach, lecz były wykonane na jednej płycie. Tym sposobem uzyskiwano liniowe diagramy ruchu rejestrujące ślad światła, a głównie płynność akcji ruchu, zebraną w sugestywny obraz obejmujący wszystkie aktualne pozycje modela. Fotografie Mareya wyróżniają się potencjałem wyrazu i żywością, paradoksalnie łączącymi się z zarysem ornamentu. Chociaż ich oddziaływanie na sztuki plastyczne jest bardziej znane dopiero z późniejszego okresu eksperymentów futurystycznych, to bez wątpienia ich wpływ zaznaczył się już w latach osiemdziesiątych i był jednym ze źródeł secesyjnego ornamentu.

W polaryzacji między „naukowym" a zmysłowo-instynktownym zainteresowaniem w uchwyceniu dymensji czasowej pojawiło się na przełomie lat osiemdziesiątych i dziewięćdziesiątych jeszcze trzecie pojęcie. Ruchowe wyobrażenie życia rozumiane było głównie w płaszczyźnie uczuciowo-intuicyjnej i w tym sensie wyrażało najpełniej treść ludzkiego życia. Podstawy tego pojęcia stworzyli Paul Gauguin i grupa twórców okazjonalnie skupiająca się wokół niego. Jednak najbardziej dramatycznie problem ten przedstawiał Vincent van Gogh.

Szczególnie w końcowym okresie twórczości van Gogha, w jego gorączkowym dążeniu do ogarnięcia świata malarstwem, wzrastała dynamiczna ekspresja linii. Przyroda, którą jak impresjoniści malował stojąc przed nią twarzą w twarz, wydawała mu się jakimś niezmierzonym organizmem poruszającym się i oddychającym jak człowiek. Szczegóły krajobrazu odtwarzał krótszymi i dłuższymi pociągnięciami pędzla, w których coraz bardziej uwidoczniała się podstawowa, wewnętrzna dynamika wypełniania życiem formy. Cały ten proces stałego pogłębiania ekspresji, miał jednocześnie charakter uporczywej walki. Szczyty osiągnął w rysunkach, takich jak słynna Gwiaździsta noc z czerwca 1889, w którym ruch krajobrazu wyrażony poprzez najbardziej ulubiony symbol van Gogha, płomiennie roztańczony cyprys, ulatuje w przestrzeń kosmiczną pełną protuberancji i wirów nieznanych energii. Kiedy w styczniu 1890 roku ukazał się w „Le Mercure de France" artykuł symbolistycznego krytyka Alberta Auriera, po raz pierwszy wysoko oceniający twórczość van Gogha, artyście nie podobało się przyrównanie jego malarstwa do muzyki. Napisał do brata, że prawda i dążność do prawdziwości są mu tak drogie, że raczej wolałby zostać szewcem niż muzykiem wypowiadającym się barwami.

To, co przeżywał Vincent van Gogh jako osobisty dramat i udrękę, było jednocześnie symbolem ówczesnej sytuacji kulturalnej. Wiek XIX zaznaczył się olbrzymimi zmianami w sferze socjalnej i spojrzenie na przyrodę nie mogło pozostać jedynie przy starej opisowej i klasyfikującej morfologii. Darwinizm, mimo swego ograniczającego empiryzmu, stanowił silny bodziec do zrozumienia linii rozwojowych w historii ziemskiego życia. Jego determinacja prowadziła także do odczucia niezbadanego fatalizmu oddziaływania głębokich sił biogenezy, ich działania samowolnego, nie dającego się opanować, a jednocześnie życiodajnego.

Artyści, patrząc na świat bez wyrozumowanej spekulacji, pragnąc uchwycić go i wyrazić w całości, początkowo poprzestawali na poszukiwaniach i preferowaniu naiwnych motywów wizualnych, które w naturalny sposób wyrażały nowe, dynamiczne odczucie światła. Gustave Courbet w rozmaitych wariantach wprowadził do swego malarstwa motyw fali morskiej, o prześwietlonym, wspaniałym grzebieniu, w pryszniku piany bijącej o kamienie wybrzeża. Malując fale Courbet nie miał zapewne na uwadze nowych biolo-

50. Emile Gallé,
wazon, po 1900

gicznych zdobyczy wiedzy, według których kolebką życia było morze, ani też nie myślał, że mógłby w formie „realistycznej alegorii" zaznaczyć nadejście fali rewolucyjnego ruchu społecznego we Francji. Stworzył motyw malarski o dużej sile wyrazu, różniący się ekspresją od wcześniejszych przykładów i pociągający za sobą szereg podobnych wyobrażeń, co przyczyniało się do coraz szerszego upowszechnienia tego motywu.

Jakie możliwości rozwinięcia znaczenia ukrywał w sobie motyw fali morskiej, wykazują z czasem na przykład dzieła Františka Kupki. Początkowo, tak jak i inni artyści, był on czysto wizualnie zainteresowany tym migawkowym, ale regularnie powtarzającym się zjawiskiem teatru natury, narzucającym się jego spojrzeniu w czasie spokojnych dni wakacyjnego odpoczynku w Trégastel. Na jego obrazie z roku 1902 do odwiecznej konfrontacji ruchomego żywiołu wody z niewzruszoną nieustępliwością przybrzeżnego kamienia jest dodany delikatny akt kobiety obserwującej wznoszącą się falę. Mimo że sceneria jest całkowicie naturalistyczna, wyczuwamy w tym obrazie warstwę ideowo-treściową. Kupka amatorsko zajmował się naukami przyrodniczymi i kosmologią. W postawie kobiety na obrazie odbija się zarówno obawa jednostki przed elementarną siłą wody, jak i zainteresowanie, a także wrażenie osobliwego pokrewieństwa. Bogate włosy kobiety mogą łatwo stać się „falą". Człowiek nagi wobec siły żywiołu jest drobny i bezbronny, ale stanowi część składową wewnętrznej cyrkulacji i wymiany sił świata. W jakieś dwadzieścia lat później zacznie Kupka, znany już wtedy przedstawiciel awangardy artystycznej, malować obraz *Wiejące błękity,* w którego czysto abstrakcyjnych formach będą obecne przeżycia i myśli, towarzyszące kiedyś malarzowi w Trégastel w czasie obserwacji odwiecznego dialogu morza i ziemi.

Rozmyślania Kupki o przyrodzie, uogólniające motyw fali morskiej, połączyły dwie bardzo różniące się postacią formy wypowiedzi plastycznej. Z jednej strony migawkowość, wyrażająca się w kolorowo świetlistym przepychu konkretnego stanu życia, z drugiej strony „abstrakcyjne" zainteresowanie, koncentrujące się na uchwyceniu tego, co jest w życiu stałe, gdyż ciągle się powtarza — a więc jego rytmu. Natura, zrozumiana jako manifestacja procesów życiowych, mogła się w ten sposób stać treścią nie tylko malarstwa, ale i tych dziedzin sztuk plastycznych, które są wprawdzie mniej efektowne, ale mają szerszy zasięg i często głęboko oddziałują na plastyczne kształtowanie kultury materialnej.

Dla cywilizacji na przełomie XIX i XX wieku pojęcia przyrody, życia, ruchu, rozwoju zyskały istotne znaczenie właśnie przez to, że stworzyły łącznik artystycznej ideologii i praktyki tego czasu w najszerszym sensie słowa „styl". Właśnie w sztuce użytkowej, którą się wtedy nazywało sztuką dekoratywną, niekiedy także w przemyśle artystycznym, wykorzystano te pojęcia, aby pokonać przepaść, jaka jeszcze w połowie XIX stulecia dzieliła tę twórczość od „wzniosłej" sztuki. Słynna Wystawa Światowa w Londynie w roku 1851 stała się punktem zwrotnym, od którego datują się stopniowo narastające dążenia do podniesienia rangi rzemiosła artystycznego i starania o wyprowadzenie sztuki użytkowej z upadku, do czego doprowadziła ją anarchia produkcyjna podczas rewolucji przemysłowej. Najbardziej znanym rozdziałem tych usiłowań stała się działalność Williama Morrisa i jego towarzyszy, zapewniająca Anglii pierwsze miejsce w ruchu reform. Z ich inicjatywy zakładano nowe szkoły artystyczno-przemysłowe, wprowadzano właściwe nauczanie stosownych zasad sztuki dekoracyjnej, zapoczątkowano produkcję modelowych i seryjnych przedmiotów sztuki użytkowej w wyspecjalizowanych pracowniach, mających początkowo charakter jakby jakichś bractw oraz podjęto szeroką działalność publicystyczną na łamach nowych czasopism i poprzez wystawy objazdowe. To wszystko działo się w atmosferze wielkiej gorliwości i tak energicznie, że nowy współczesny styl dekoracyjny w ciągu kilku ostatnich lat XIX wieku opanował Europę, niemal natychmiast został przeniesiony do Stanów Zjednoczonych, a niebawem i do Japonii, stając się wręcz światowym fenomenem.

Wielki sukces Art Nouveau w latach dziewięćdziesiątych, oprócz innych przyczyn, można wyjaśnić tym, że udało się w nim połączyć dwa raczej przeciwstawne wymagania nowoczesnego przedmiotu artystycznego — naturalistyczną inspirację i trafną formę ornamentalną. Wiele pracy poświęcili tym zagadnieniom angielscy teoretycy ornamentu, Owen Jones i Christopher Dresser, wiele interesujących rozwiązań przyniosła praktyczna działalność ruchu Arts and Crafts. Niemniej jednak synteza ta miała miejsce głównie na kontynencie. Centralnym ośrodkiem była Bruksela, której klimat kulturalny sprzyjał i był otwarty zarówno na bezpośrednie wpływy z Anglii, jak i na współpracę z nowoczesnym malarstwem i grafiką francuską. Chętnie utrzymywano również kontakty z niemieckimi ośrodkami artystycznymi i teoretycznymi. Rok 1893, w którym Victor Horta wybudował w Brukseli dom profesora Tassela, uważany jest za oficjalną datę narodzin tego stylu. Również w Brukseli zamknęła się po latach jego era, kiedy to Austriak Joseph Hoffmann wystawił tam Palais Stocklet.

Powstanie nowego stylu było świadome, opierał się on na filozofii i ideologii drugiej połowy XIX wieku, wynikających z olbrzymiego zainteresowania biologią, jako najpopularniejszą nauką przyrodniczą. Niektóre dziedziny biologii, jak botanika a później fizjologia, osiągnęły już w latach siedemdziesiątych szczyty swego oddziaływania i wielu znanych twórców późniejszej Art Nouveau studiowało je na uniwersytetach. W tym środowisku dochodziło jednak równocześnie do tego, że pierwotny czysty empiryzm nowej biologii, tak charakterystyczny dla samego Darwina, był szybko uzupełniany żądaniami wyjawienia głębszych praw natury. Z tej gleby wyrosła wpływowa nauka Ernsta Haeckla, oparta na monistycznym rozumieniu całości natury i na idei spójnego rozwoju, morfogenezy i filogenezy organizmów biologicznych. Haeckel, wykraczający daleko poza granice wiedzy akademickiej głoszonej ex cathedra i mający ambicje stworzenia ze swego zmodyfikowanego darwinizmu powszechnego światopoglądu, wkroczył również swym ilustrowanym dziełem *Die Kunstformen der Natur* w dziedzinę estetyki.

Haeckel, przedstawiciel materializmu mechanistycznego, wierzył zasadniczo jedynie w przyczynowość, ale właśnie przez swój monizm, co jest paradoksem, przyczynił się do powstania nowego kierunku w myśleniu biologicznym, który rozwinął się w neowitalizm. Już w latach osiemdziesiątych słynny botanik monachijski Carl von Nägeli pisał o tym, że teorię Darwina o doborze naturalnym należy uzupełnić głębszą zasadą — siłą rozwojową, zaś Julius Sachs wystąpił z pojęciem „Gestaltungstrieb", wyznaczającym organizacyjne właściwości rośliny lub zwierzęcia, mające swe źródło w wewnętrznych przyczynach i siłach. W latach dziewięćdziesiątych Hans Driesch zakończył ten ciąg myślowy w biologii swym pojęciem entelechii jako szczególnej siły witalnej, która jest własnym, specyficznym nośnikiem rozwoju życia[25].

Art Nouveau w swoich założeniach ideowych bez wątpienia wyrosła z reakcji na darwinizm, stając jednocześnie przed zadaniem wyrażenia tych idei poglądowo i plastycznie, w oryginalnie pojętym ornamencie.

Początkowo dają się zaobserwować pewne wahania między naturalistycznym zainteresowaniem wizualną niezwykłością i kształtem a stylizacją wspomaganą jeszcze starszymi, głównie rokokowymi schematami ornamentalnymi. Obiektem ilustrującym ten okres wahań jest na przykład lichtarz powstały w kręgu niemieckiego malarza i projektanta Otto Eckmanna. Czystej stylowej syntezy dokonał jednak belgijski projektant i architekt Henry van de Velde. Podobnie jak Eckmann, van de Velde rozpoczynał jako malarz, zaś ożywione życie kulturalne Brukseli, skoncentrowane w godnej uwagi aktywności wystawowej stowarzyszenia Les XX (działającego już od 1883 roku

51. František Kupka *Fala*, 1903

i prezentującego najbardziej współczesną twórczość), pozwoliło mu bezpośrednio nawiązać do van Gogha. Pod wpływem angielskiej stylizacji (a także Seurata i Gauguina) van de Velde uspokoił plazmatyczną, ruchliwą wyrazistość linii van Gogha, sprowadzając ją do wzoru ornamentu, którego główną cechą stała się sławna „linia belgijska", wyzwolona całkowicie z naturalizmu, ale jednocześnie nie pozbawiona elastyczności i umiejętności wypowiadania się o życiu. Bez wątpienia dopiero w latach dziewięćdziesiątych powstaną dzieła, na przykład grafiki Anglika Aubreya Beardsleya, które osiągną większą „czystość" stylową. Jednak całkowity sukces van de Veldego wynikał z pewnej plastyczności jego prac rozumianej jako płynność przenoszenia ornamentu z płaszczyzny w trójwymiarową przestrzeń, jak również z genialnego wyrażania dominujących ówcześnie tendencji witalistycznych. Van de Velde rozumiał linię ornamentalną jako wyraz siły, czerpiącej energię ze swego twórcy. Jak napisał w swoich esejach, właśnie ta siła jest tajemnicą powstania wszystkich tworów i działa na mechanizm oka tak, że narzuca mu kierunki, które wzajemnie się uzupełniając i przenikając, tworzą formy. Ornament jest więc graficznym lub plastycznym zapisem pola sił, które projektant znajduje w sobie, w swojej psychofizyce i nie jest tylko jakimś subiektywnym, osobistym projektem, gdyż chodzi tu o ucieleśnienie energii i sił krążących we wszechświecie, którego częścią składową jest również rysownik. Dlatego według van de Veldego można na nowo odkryć „pierwsze linie" odpowiadające elementarnym gestom człowieka poruszającego się w naturze i ta „nowa" ornamentyka miałaby być nazwana ornamentyką naturalną, gdyż nie powstaje w wyniku ludzkiej dążności do przyozdabiania, lecz oparta jest na głębszej analogii do aktywnych sił natury, takich jak wiatr, ogień czy woda[26].

W istocie secesyjny ornament wyodrębnił się z tradycyjnych form ornamentacji zdobniczej i wyrażał wewnę-

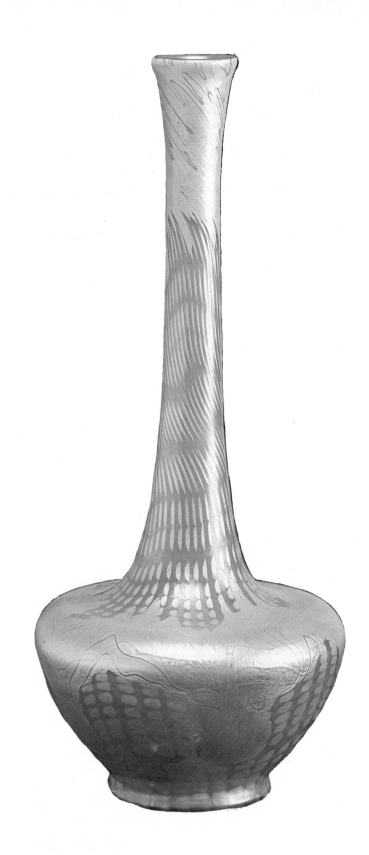

52. Wazon wykonany w hucie szkła Loetz, Kláśterský Mlýn (Czechosłowacja), około 1900

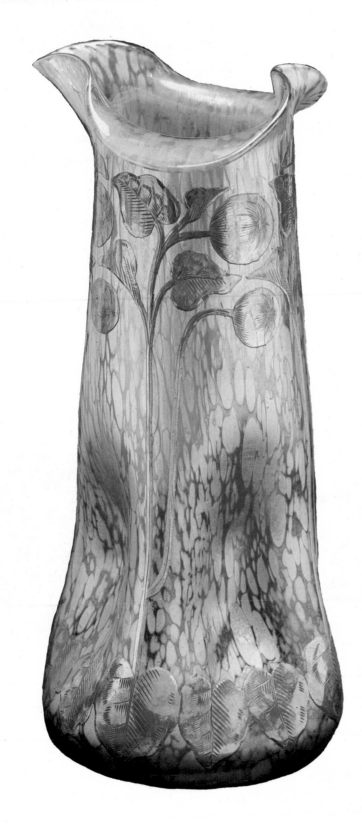

trzną łączność między psychiczną aktywnością jednostki a elementarnymi procesami przyrody. Typowa ,,nieskończoność" secesyjnej linii, rozwijającej się w rozwlekłych skrętach, stała się czystym znakiem plastycznym wymiaru czasu. Chociaż źródłem jej inspiracji były głównie rośliny, linia secesyjna zdobywała świat asocjacjami najróżniejszych innych motywów. Opanowała pismo tego okresu, w najrozmaitszych zestawach i wzorach, nadzwyczajnych kombinacjach symetrii z asymetrią, przeniknęła z grafiki do wszystkich dziedzin projektowania i do architektury, znajdując szeroko zastosowanie również w dziełach ,,czystej" sztuki — malarstwie i rzeźbie.

Artyści secesyjni z japońskich drzeworytów czerpali umiejętność animowania płaszczyzny poprzez linię secesyjną. Linia ta rozszerza się w wygięciach przechodząc w płaską formę, która z kolei coraz bardziej zwęża się, przechodząc znowu w linię. Oko wprawdzie widzi całość secesyjnej kompozycji ornamentalnej, ale jest nieustannie prowadzone i zwodzone płynnymi liniami jej otwierającej się do wnętrza, to znów zamykającej formy. Ta godna uwagi optyczna aktywność secesyjnego ornamentu, oparta na jego dynamicznym, siłowym założeniu, u schyłku XIX wieku ściśle wiąże się z potrzebą wyrażenia nowej koncepcji oraz przeżycia przyrody, znajdując w pojęciu życia wspólną istotę wszystkich wydarzeń.

Główną korzyścią, jaką ornamentyka secesyjna wyniosła z tych założeń ideowych nie był charakterystyczny stylowy schemat, ani niezwykła różnorodność, umożliwiająca prawdziwe opanowanie sztuki, ale to, że stała się ich wyrazem. W niej także mieściły się wszelkie bogate analogie sztuki tego czasu, urzeczywistniające się pomimo zamierzonej chęci stylizacji.

Jedną z najbardziej godnych uwagi dziedzin twórczości secesyjnej było szkło. Czołowymi artystami tej dyscypliny byli Emile Gallé, Francuz i Louis Comfort Tiffany, Amerykanin, w których ślady wstąpili twórcy z Czech. W kształtach wyrobów ze szkła, przy-

53. Wazon wykonany w hucie szkła Loetz, Klášterský Mlýn (Czechosłowacja), około 1900

56. Henry van de Velde *Souper* — winieta karty potraw, około 1895

bierających formy od najprostszych do najbardziej fantastycznych, chyba w największym stopniu wyraziła się stylowa istota Art Nouveau. W szkłach secesyjnych nawiązujących do form roślinnych wykorzystywano szczególne możliwości techniczne dla uzyskania waloru artystycznego. Niezwykle efektowna kolorystyka, osiągana zwłaszcza poprzez iryzację tlenkami metali, zmieniała je w bajkowy ogród. Interesująca jest zbieżność dat: mianowicie Tiffany recepturę na iryzację szkła opracował w 1894 roku, czyli w tym samym, kiedy Monet kończył malować cykl płócien

Katedra w Rouen. I chociaż nie ma tu żadnej bezpośredniej zależności, w ten sposób przejawiają się niektóre wspólne inspiracje artystycznej wyobraźni tego czasu. Kształty szkieł secesyjnych są efektem cudownego połączenia przypadku z rzemieślniczą zręcznością i improwizacją, linii z kolorem, pomysłu z wyzwoloną wrażliwością.

Podstawą tego całkowitego wzajemnego zespolenia, przybierającego charakter powszechnego stylu, była fascynacja przyrodą i jej życiem, które samo w sobie stało się treścią artystycznej pracy.

Zainteresowanie malarzy XIX stulecia motywem fali morskiej, dążenie rysowników, grafików i projektantów do stworzenia oryginalnej linii ornamentu, stało się możliwe również ze względu na analogię do głębokich zmian w sposobie egzystencji ówczesnego człowieka. Wiek XIX, mimo podziwu dla natury, nie był okresem ruralistycznym, okresem społeczności wiejskiej; przeciwnie, organizacje społeczne pod wpływem rewolucji przemysłowej koncentrowały wszystkie swoje główne siły w miastach. Statystyki podają jak, zwłaszcza w drugiej połowie stulecia, rozrosły się miasta amerykańskie i europejskie. Był to niewiarygodny skok, którego dynamika wynikała z nieustającego napływu ludności wiejskiej. Struktura tradycyjnego miasta, zduszonego w obrębie średniowiecznych murów obronnych, odizolowanego nimi od świata zewnętrznego, dosłownie runęła pod tym naporem. Miasto eksplodowało szybką, przeważnie dość chaotyczną, rozbudową nowych dzielnic i przedmieść. Jego przeludnienie, podsycane dużym przyrostem naturalnym wynikającym z wielkich skupisk ludzkich i kapitalistycznego sposobu organizacji pracy, często wymuszało radykalne rozwiązania. W połączeniu ze spekulacją terenami budowlanymi prowadziło to do powstawania szerokich programów poprawy struktury urbanistycznej, do burzenia starej zabudowy na korzyść nowych, wielkich ciągów komunikacyjnych umożliwiających swobodną cyrkulację tętniącego wielkomiejskiego tłumu.

57. Antonín Chittussi *Quai de la Conférence w Paryżu*, 1881

Przeprowadzana urbanizacja, w gruncie rzeczy wymuszona była żywiołowym, bujnym rozrastaniem się wielkomiejskiego organizmu i różniła się charakterem od barokowych prospektów, których wizualne dominanty ucieleśniały absolutyzm panujących. Obecny jej charakter był wyraźnie pragmatyczny i praktyczny, co najbardziej było widoczne w nowych ośrodkach przemysłowych, powstających w pobliżu źródeł surowca; wszystko tam było funkcjonalnie skoncentrowane wokół głównego punktu — fabryki. Żywiołowości przeciwstawiono ścisłą dyscyplinę kąta prostego, a całość swoim

58. Antonín Chittussi *Quai de la Conférence w Paryżu*, fragment

59. Paul Helleu *Portret damy w boa*, około 1900

wyglądem i głównie sposobem organizacji przypominała koszary. Koszary i obok nich więzienia, chociaż były wstydliwie ukryte na przedmieściach obok kompleksów fabrycznych, stały się nowymi obiektami budownictwa cywilnego. Jednak dla rozwijającego się nowoczesnego charakteru miasta ważniejsze od tych ponurych cytadeli porządku społecznego, stały się kopalnie. Lewis Mumford[27] w swoich pracach zwrócił uwagę, że ogólny model nowoczesnej struktury miasta miał początek w kopalniach będących dla kapitalizmu podstawowym źródłem energii. Tam głównym zagadnieniem wymagającym jak najszybszych i najbardziej skutecznych rozwiązań był transport i on właśnie sprawiał, że w kompleks starego miasta wgryzał się stopniowo lśniący wąż torów kolejowych. Miejskie dworce kolejowe stały się newralgicznymi punktami, skąd nerw życia rozchodził się na ulice miasta.

Prawdziwa przemiana miasta opierała się głównie na tym przepływie energii, który dopiero formował wielkomiejską całość. Tramwaj, a niebawem także metro, sieć kanalizacyjna, telefon, poczta pneumatyczna, oświetlenie gazowe i szereg innych wynalazków stworzyły stopniowo, bardziej lub mniej widoczną, strukturę wielkomiejskiej sieci energetycznej, zakładającej funkcjonowanie miasta jako jakiegoś ponadindywidualnego organizmu wyższego rzędu. Nazwanie miejskich hal targowych „brzuchem Paryża" logicznie mieściło się w tej relacji, która w wyobraźni pisarzy i artystów urastała do rangi mitu.

Z tego wszystkiego w pierwszym rzędzie zwracało uwagę nowe spojrzenie na mrowie ludzi w miejscach publicznych. Nagły wzrost liczby mieszkańców doprowadził powszechnie w drugiej połowie wieku do obniżenia poziomu warunków mieszkaniowych, które nawet wcześniej nie były zbyt dobre. Oprócz naprawdę zamożnych warstw ludności sytuacja nie tylko robotniczych ale również średnich grup społeczeństwa była na tym odcinku często rzeczywiście krytyczna. Jej najsmutniejszym wyrazem, oprócz przedmiejskich barłogów, były słynne domy noclegowe, udzielające biedakom jedynie niezbędnego schronienia. Już z tych powodów znaczna część życia poza pracą toczyła się na ulicach lub w tanich publicznych gospodach, ka-

60. Luděk Marold
Paryżanka, około 1897

61. Luděk Marold *Dama
przy stoisku*, około 1895

62. Félix Buhot *Zima
w Paryżu*, 1879

wiarniach i lokalach rozrywkowych. Ludowy Paryż żył na bulwarach, nabrzeżach i na Montmartrze.

Tłum ludzki wespół z komunikacją miejską stanowił dla obserwatora przeżycie, na początku niekiedy przerażające. Poeci wychowani w duchu romantyzmu, Poe czy Baudelaire, instynktownie wyczuli niebezpieczeństwo tkwiące w anonimowym, niepowstrzymanie przewalającym się tłumie. Ruch masy ludzkiej stawał się antytezą pewnej siebie indywidualności obserwatora. Z tego został wydobyty ekspresjonistyczny efekt, który jeszcze w końcu stulecia powtórzył w malarstwie Edvard Munch w swoich obrazach *Ulicy Karla Johana* i nadał im ostateczną nazwę *Uczucie niepokoju*.

Jednocześnie jednak trwał ten zbiorowy porywający ruch, który przynosił dalsze, zupełnie nowe doznania. Benjamin wykazał w swoim artykule, że jeden z najsławniejszych poematów Baudelaire'a *A une passante* ze zbioru *Kwiaty zła*, powstał w wyniku zachwytu nad pięknem tego prądu[28]. Również modni rysownicy i ilustratorzy czasopism, jak Luděk Marold, zaczęli poszukiwać swoich modelek wśród przypadkowego tłumu. Postępujący z duchem czasu naturalizm otrzymywał w ten sposób głębsze artystyczne wymiary — uwspółcześnił sam typ kobiecego piękna i jednocześnie upowszechnił go na zasadzie „wiecznego powrotu".

Pełna ruchu sceneria ulic nowoczesnego dużego miasta wymagała odmiennego sposobu przedstawiania, niż to robili wcześniejsi wedutyści, koncentrujący się głównie na wiernym oddaniu budowli i innych interesujących obiektów. Teraz uwaga przeniosła się na to, co się poruszało. Znowu przy tym ważną rolę pełniła fotografia, umożliwiająca szybki i dokładny zapis tego ciągle zmieniającego się i ulotnego środowiska.

Również przedstawiana w technikach graficznych weduta musiała reagować na nowy dynamiczny rytm życia i szybką zmianę wizualnych obrazów. W grafice, skrępowanej dotąd silnie zadaniem reprodukowania, zaczęły się pojawiać nowe indywidualności artystyczne, starające się ożywić tę dziedzinę sztuki. Do tych wirtuozów technik graficznych, wskrzeszających obok odtwarzającego drzeworytu o wiele wyraźniejszą i bardziej sensualną akwafortę, należał Félix Hilaire Buhot. Ze

66. Medardo Rosso,
fotografia rzeźby *Impresja
z omnibusu*, 1883—1884

67. Medardo Rosso,
fotografia rzeźby *Impresja
z omnibusu*, 1883—1884

68. Medardo Rosso,
fotografia rzeźby *Impresja
— bulwar w nocy*, 1892

dukcji przemysłowej i stał się wzorem dla szczególnej oceny malowniczości tego widoku oraz dla rozwoju tego, co później nazwano „liryką dużego miasta". Moneta, który już w latach sześćdziesiątych malował Paryż w nowych ujęciach, inspirował widok *Boulevard des Capucines* (1873). Znamienne było, że obrazy te były malowane z okna atelier fotografa Nadara, gdzie impresjoniści mieli również swoją pierwszą wspólną wystawę. Charakterystyczne było w tych obrazach spojrzenie z wysokości umożliwiające odbiór ogólnego, całkowitego wrażenia bez koncentracji uwagi na poszczególnych detalach. Odbiór takiego obrazu wymagał przełamania dotychczasowych nawyków widza. Jak to przykładowo ujął w satyrycznych omówieniach tych obrazów Leroy, krytyk „Charivari", widza gniewało, że plamy wyrażające uliczny ruch przechodniów nie odnoszą się również do jego czcigodnej osoby. Impresjonizm pomagał przezwyciężać w sposobie myślenia mieszkańców powstającego dużego miasta sprzeczność występującą między świadomym, egoistycznym indywidualizmem a nieświadomą, kolektywną egzystencją społeczeństwa.

Widoczne u Moneta symptomy wpływu dużego miasta na indywidualność, w jeszcze bardziej jaskrawy sposób wyraził później artysta włoski Medardo Rosso. Zaczynał on również jako malarz-pejzażysta, później poświęcił się głównie rzeźbie. Z tego pierwszego okresu pozostała mu dążność do tłumienia realnej trójwymiarowości rzeźby przez kształtowanie jej w kierunku jednego, głównego widoku. Wynikało to również z ogólnej skłonności do przedstawień reliefowych, charakterystycznych dla pojawiającej się nowoczesnej rzeźby. Również znamienna była dążność do pomniejszania roli szczegółu na korzyść ogólnego efektu dzieła i wykorzystywanie światła jako głównego animatora formy plastycznej.

Spór o palmę pierwszeństwa w wykorzystaniu światła w plastyce, który wywołał włoski rzeźbiarz Medardo Rosso (1858—1928) w końcu lat osiemdziesiątych, podczas swego drugiego pobytu w Paryżu, miał uzasadnienie jedynie w tym, że Włoch był bez wątpienia o wiele bardziej impresjonistą niż Rodin, u którego zawsze wielką rolę odgrywał element symboliki. Rosso, który wielu swoim dziełom

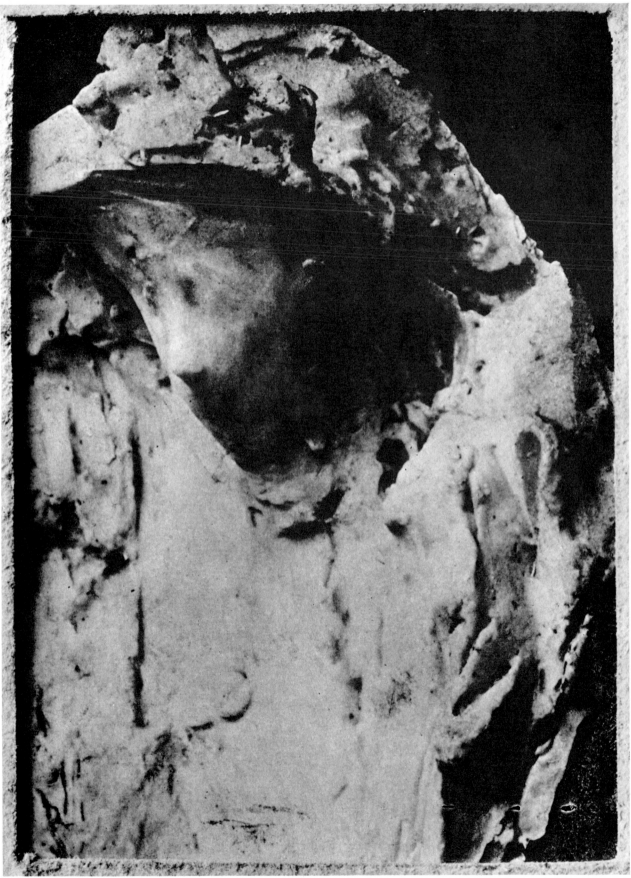

69. Medardo
Rosso, fotografia
rzeźby *Kobieta
w welonie,* 1893

70. Victor Horta, klatka schodowa domu profesora Tassela w Brukseli, 1893

nadawał tytuł „Impresja", swą działalność twórczą rozpoczynał jeszcze w Mediolanie i Rzymie pracami plastycznymi wywodzącymi się z ówczesnego rodzajowego naturalizmu i w nich zaczął odważnie atakować bryły światłem. Z upodobaniem pracował w owym czasie w gipsie i wosku, tanich materiałach umożliwiających takie postępowanie przy modelowaniu struktury wizualnej. Jego *Impresja z omnibusu* (1883—1884), przedstawiająca różnorodne typy pasażerów wielkomiejskiego środka komunikacyjnego, stanowiła początek prób niekonwencjonalnego formowania wrażeń odbieranych z życia wielkiego miasta. Szczytowym osiągnięciem tych prób była rzeźba grupowa naturalnej wielkości *Impresja z bulwaru,* znana też jako *Nocny Paryż* (1892). Rzeźba ta nie zachowała się, czego przyczyną była kruchość materiału, z jakiego była wykonana i burzliwe życie rzeźbiarza. Porównując oba wspomniane dzieła można spostrzec nieustanne odchodzenie od naturalistycznej iluzji i zbliżanie się ku kształtom oddziaływującym prawie fantomatycznie. W nich Rosso starał się realizować swą teoretyczną dewizę głoszącą, że rzeźba winna dawać wrażenie zapomnienia o materii, w której została wykonana. Dewiza ta stanowiła również ważną przesłankę dla późniejszego rozwoju nowoczesnej rzeźby, chociaż sam Rosso nie był zdolny wyjść poza ramy iluzjonizmu. W późniejszych pracach plastycznych, którymi często były głowy i twarze kobiet i dzieci modelowane w wosku, do tego stopnia zacierał cechy fizjonomiczne modeli, że pozostawał jedynie owal podstawowego kształtu, z niezwykłą delikatnością odtwarzający grę światła. Poetyka tych prac bliska jest poetyce Marcela Prousta i, podobnie jak jego poetyczna proza, przemienia pierwsze wrażenie we wspomnienie wypełnione niezwykłą głębią możliwości asocjacyjnych. Ten kruchy liryzm mógł jednak stać się także punktem wyjścia do symbolizacji kształtu, którą zastosował później rumuński rzeźbiarz Constantin Brancusi.

Połączenie przez Rossa dwóch rodzajów sztuk plastycznych, malarstwa i rzeźby, odpowiadało także mentalności dużego miasta, łączącego wszystkie możliwe życiowe zjawiska. Sposób widzenia, który wykształcił się przy artystycznym wyrażaniu tego środowiska, mógł być inspirowany malarstwem pej zażowym, ale ponadto zawierał składnik ludzkiej ruchliwości, wzbogacający obraz o całkiem nowe napięcie energetyczne. Dlatego duże miasto przyciągało pejzażystów i niektórzy z nich osiągnęli w nim szczyt swoich twórczych możliwości.

Tak było w przypadku Antonína Slavíčka (1870—1910). W latach dziewięćdziesiątych malował on nastrojowe jesienne krajobrazy. Później, pod wpływem praskiej wystawy grupy z Worpswede, udał się do biednego, górskiego rejonu Wyżyny Czeskomorawskiej, aby tam wraz z innymi malarzami osiągnąć pełnię harmonii z przyrodą. Slavíček wypracował wtedy własny sposób malowania, w którym, obok oryginalnego impresjonistycznego sensualizmu, kładł znaczny nacisk również na wyrażenie emocjonalnego stosunku do krajobrazu. W przeciwieństwie do analitycznego spojrzenia impresjonistów francuskich zawsze zajmował się również ludźmi zamieszkującymi malowaną krainę. Wprawdzie nigdy nie zniżył się do podjęcia tematów rodzajowych, jednak wzbogacał swe obrazy postaciami sztafażowymi, co sprawiało bardzo naturalne wrażenie. Dodatkowo, uczuciowe przyswajanie krajobrazu i jakaś trwała ludzka obecność zmaterializowały się w wyrazistym prowadzeniu pędzla przez Slavíčka nanoszącego na płótno gęste plamy koloru.

Te ogólne predyspozycje stanowiły chyba o tym, że Slavíček stał się jednym z najbardziej zwracających uwagę malarzy życia miasta. W latach 1906—1908 poświęcił swojej rodzinnej Pradze wiele obrazów, począwszy od małych szkiców plenerowych, w których osiągnął mistrzostwo w genialnych barwnych skrótach, aż po wielkie, czterometrowe panoramy, przeznaczone dla pomieszczeń wystawowych. Slavíček był również w Paryżu i twierdził, że tam dopiero zrozumiał co znaczy ruchliwość zbiorowiska ludzkiego. Jego widoki z Pragi bardzo ściśle oddają specyficzną atmosferę tego środkowoeuropejskiego miasta, w którym średniowieczna i barokowa przeszłość idzie w parze z nowoczesną współczesnością. Chętnie malował nabrzeża z widokiem na rzekę, wnoszącą do jego obrazów typowy wymiar upływania czasu, uchwyconą w zmysłowym pięknie chwili. Deszczowe dni pomogły wyczarować na jego obrazach olejnych podziwu godne zwierciadła kolorowych

71. Louis Majorelle i bracia Mercier, kredens, 1900

72. Louis Majorelle i bracia Mercier, kredens, detal

refleksów, przy pomocy których oddana była niewyszukana poezja powszedniego dnia miasta i jego życia. Podobnie w zaułkach starych uliczek, gdzie pod jego spojrzeniem rozkwitła patyna dawnego sposobu bycia, lub na obrazach placów, gdzie okna starych domów wpatrzone są w oblepione plakatami parkany czy w szkicach mostów — wszędzie występowała wzajemna symbioza żywego z martwym, ciał i ścian, we wzajemnym przenikaniu się, świadczącym o głębi zaangażowania malarza.

Slavíček mógłby być uznany za przedstawiciela ówczesnej estetyki od-

73. Vojtěch Hynais,
plakat *Taussig's
Violetta Unica,* 1900

74. Atelier Bronec, Praga, *Jesień,* witraż
według projektu Alfonsa Muchy, około 1900

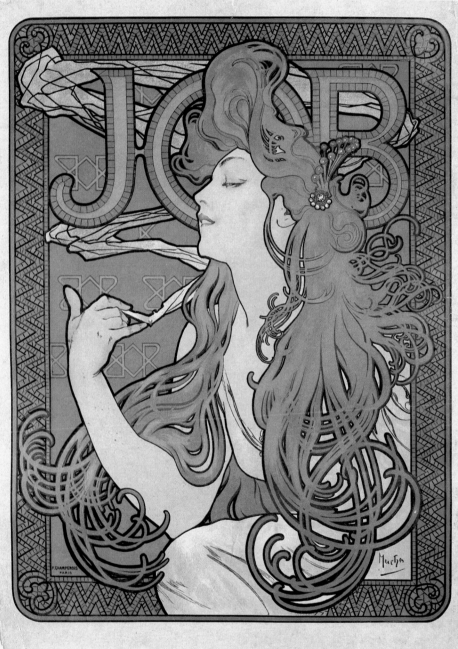

75. Alfons Mucha, plakat reklamujący
bibułkę do papierosów firmy „Job", 1898

76. Jan Kotěra,
fragment domu Peterki
w Pradze, 1899

77. Kamea z głową
dziewczyny, około
1900

78. Oprawa książki,
Praga, po 1900

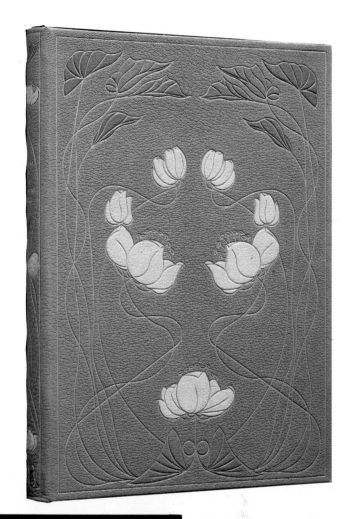

79. Talerz z dekoracją ornamentalną, Czechy, po 1900

93

80. Max Švabinský *Paryski portret Ely*, fragment, 1898

81. Emil Orlik, plakat perfumerii Gottlieba Taussiga, 1897

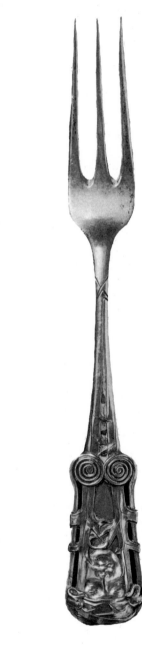

82. Karel Šimůnek, plakat reklamujący
praskie rękawiczki Engelmüllera, 1899

83. Sygnowany T. M., plakat reklamujący
konfekcję Františka Frimla, po 1900

czuwania, jednak istota jego stanowiska była w całości naiwna i bezpośrednia. Jego obrazy pokazały możliwość nowej syntezy między człowiekiem a zmieniającym się środowiskiem miejskim, możliwość pogodzenia tradycji z modernizacją i to właśnie na podstawie jakiejś cyrkulacji życiowych energii. Jego spojrzenie było jednak subiektywne i sprawdziło się raczej jako model nowej poetyzacji, jako lek uspokajający nerwową mentalność mieszkańców miasta, poddawaną znacznym szokom pod naciskiem dokonującej się nowej organizacji życia. Kiedy baron Haussmann zaczął brutalnie przebijać bulwary i aleje przez ciało starego Paryża, świat artystyczny i kulturalny reagował na to gniewem i bardziej komediowymi *Lamentami haussmanizowanego*. To samo zjawisko zaczęło występować również w innych miastach europejskich, w których obrońcy zabytków podnosili głos przeciwko ,,triumfującej bestii". Haussmann motywował swoją politykę planowych wyburzeń nie tylko względami ekonomicznymi, lecz również politycznymi — jednym z głównych jego celów było stworzenie nowych, tak szerokich ulic, by nie można już było na nich stawiać barykad, by wojsko miało łatwy dostęp do miasta. Później zmiany urbanistyczne motywowano koniecznością poprawy warunków sanitarnych i polepszenia warunków życia mieszkańców. W obu wypadkach wyburzenia przyniosły jeszcze jeden skutek — całkowicie obnażyły nie tylko agresywnego ducha wieku XIX, ale także fakt, że era ta nie posiada swojej własnej architektury.

Architektura XIX stulecia znalazła się w bardzo szczególnej sytuacji, którą charakteryzował z jednej strony olbrzymi rozwój ilościowy budownictwa podsycany okresem prosperity w dużych miastach, z drugiej strony jakaś niemoc samodzielnego wypowiedzenia się. Swój udział w tym zjawisku miała klasycystyczna estetyka, odziedziczona jeszcze z końca zeszłego stulecia, która wprowadziła zasadniczy podział na budownictwo użytkowe i architekturę artystyczną, stwarzając w ten sposób ideowe podstawy do powstania dualizmu celowości i piękna, tak charakterystycznego dla pojęcia zadania architektonicznego w XIX wieku.

Pogląd filozofa Schellinga, że architektura nie naśladuje przyrody, lecz samą siebie, przyczynił się również do

84. František Anýž, sztućce, przed 1903

tego, że estetyczna strona architektury była rozumiana w zasadzie w sposób izolowany, względnie że szukano jej w minionych formach architektonicznego wyrazu. W tych warunkach doszło do tego, że za samoistny obszar estetycznego oddziaływania architektury przyjmowano jej elementy dekoracyjne, a więc te części, które wcześniej były całkowicie podporządkowane ogólnej koncepcji tektonicznej. Oddzielne traktowanie elementów dekoracyjnych i zdobniczych przy estetycznej ocenie architektury odpowiadało także gustowi nowych warstw zamawiających. Ich doświadczenie estetyczne było kształtowane głównie zewnętrzną potrzebą okazania bogactwa i przepychu, zaspokajaną przede wszystkim w upiększających sztukach stosowanych. To one jako pierwsze ze wszystkich rodzajów sztuk pod naciskiem zapotrzebowania ukierunkowały się na niewybredne mieszanie i powtarzanie wszystkich możliwych wzorów, czerpanych nie tylko z repertuaru antycznego i europejskiego, ale także ze sztuk egzotycznych i orientalnych.

Najsilniejszym czynnikiem w ukierunkowaniu gustu architektonicznego XIX wieku stał się jednak ówczesny historyzm, mający silne zaplecze w ogólnych założeniach światopoglądowych i głównych prądach intelektualnych tego okresu. Znaczenie historii i jej wielokrotne oddziaływanie na kulturę było już podkreślone przez wypadki historyczne, przewracające dotychczasowe, zastałe sposoby życia i pokazujące możliwości zmian, przeważnie znowu za pomocą starodawnych przykładów.

Sprzeciw w stosunku do napoleońskiego snu o panowaniu nad światem wyzwolił znaczące ruchy narodowościowe w Europie, co prowadziło do coraz większego zainteresowania dziejami narodowymi, w czym przez cały wiek XIX wyżywał się nacjonalizm, najsilniejsza ideologia tej doby. Nowe pojęcie dynamiczności ludzkich dziejów opierało się jednocześnie na wielkich systemach filozoficznych. Szczególnie wielkie znaczenie miała filozofia historii Hegla oparta na idei rozwojowego samourzeczywistnienia światowego ducha.

Dla architektury oznaczało to nieustannie rozwijającą się historyczną świadomość intensywnej konfrontacji z bogatym dziedzictwem własnej i światowej historii sztuki. Wzmagające się żądanie oparcia badań historycznych i· wykazów zabytków na podstawach naukowych powodowało zalew projektów i wzorów, z którymi stykali się przyszli architekci już w akademiach i szkołach, gdzie wszędzie zostało wprowadzone specjalne nauczanie historycznych realiów. Podczas, gdy praktyczna strona budownictwa i jego przeznaczenie w większości były dyktowane bezpośrednio przez zamawiającego lub wynikały z określonych wymagań ekonomicznych, to w szerokim kręgu dekoracji i zdobnictwa architektonicznego mógł się poruszać architekt swobodniej, zgodnie z opiniami współczesnych, mógł w końcu wykazać swój smak artystyczny i swoje ja. Praktyka artystyczna przystosowywała w ten sposób historyczny repertuar do swoich potrzeb. W ówczesnym krytycznym sposobie myślenia zawsze istniała sprzeczność między żądaniami stylowych purystów, ściśle utożsamiających pojęcie oryginalności z pojęciem ,,autentyczności" i często aż archeologicznej wierności wzorowi (co przy rekonstrukcji zabytków niekiedy dawało bardzo nieszczęśliwe wyniki, tak, że większość dotkniętych tym kościołów i zamków odznacza się jedynie jakąś chłodną bezosobowością), a swobodniejszą praktyką stosowaną głównie w masowym produkcie tej doby — miejskim domu czynszowym. Tutaj odbywały się orgie mniej rygorystycznego historyzmu lub eklektyzmu[29]. Uwaga koncentrowała się przede wszystkim na fasadzie, będącej wizytówką zamożności i ,,umiłowania sztuki" jej właściciela.

Wartości artystyczne eklektyzm reprezentował w szerokiej gamie. Bardziej niż kiedykolwiek wcześniej w historii architektury odgrywała w nim rolę samodyscyplina i świadomość artystyczna projektanta. Mentalność społeczeństwa wolnej konkurencji gospodarczej i darwinowskiej ,,walki o życie" przeniknęła również do tej dziedziny. W artykułach publicystycznych, zwłaszcza na początku drugiej połowy wieku, kiedy eklektyzm nie napotykał już na żadne przeszkody, często pisano również o ,,walce stylów", czym wyrażany był fakt, że zaginęło jakiekolwiek normatywne kryterium.

Występowały także dążenia odwrotne, uświadamiające negatywne strony

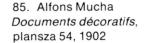

85. Alfons Mucha
Documents décoratifs,
plansza 54, 1902

86. Alfons Mucha
Documents décoratifs,
plansza 64, 1902

87. Alfons Mucha
Documents décoratifs,
plansza 61, 1902

chaosu stylowego nowoczesnej architektury i starające się znaleźć wyjście z tej sytuacji. Już od samego początku stulecia od czasu do czasu odzywały się głosy o potrzebie powstania jakiegoś nowego stylu budowlanego, który by ujednolicił ówczesne dążenia i był głębszym wyrazem nowoczesnej ery. Najbardziej znaną próbą w tym kierunku stał się rozpisany w roku 1850 konkurs monachijski na gmach instytutu kształcenia publicznego, którego prospekt zalecał „swobodne" zastosowanie wszystkich dotychczasowych stylów architektonicznych i ornamentyki w celu ukształtowania tych elementów w jakąś „oryginalną, piękną i organiczną całość". Samo wytyczenie tego zadania nie wychodziło jednak w istocie poza ramy eklektyzmu, a dążenie do stworzenia jakiejś nowej całości ze starych części było na tyle nierealne, że cały konkurs zakończył się niepowodzeniem. W rzeczywistości te właśnie wezwania do tworzenia „nowego" lub „jednolitego" stylu prowadziły jedynie do dalszego eklektyzmu i sprawiły, że historyzm — wymagający, by każda doba miała swoją sztukę — uznał eklektyzm za własny styl swojej ery.

Ulica wielkiego dziewiętnastowiecznego miasta stała się więc panoptikum przenoszącym ideę z wnętrza na zewnątrz. Aczkolwiek czołowi architekci starali się zachować stylową czystość swoich budowli i częstokroć ich wysiłki doprowadzały do pozytywnych rezultatów, o wiele bardziej znamienny dla charakteru tej architektury był pluralizm stylowy, dozwalający, by w jednej budowli stosować jednocześnie dużą liczbę różnorodnych elementów. Sytuację taką umożliwiało pierwszeństwo dawane elementom dekoracyjnym. Tektonika klasycznych systemów była

90. Misa z dekoracją figuralną i roślinną produkcji Württenbergische Metallwarenfabrik, Geislingen (Niemcy), około 1900

91. Emanuel Novák i uczniowie, kałamarz, po 1900

88. Wazon z motywem krajobrazowym, Czechy, po 1900

89. Podstawka do piór z ozdobą figuralną, Czechy, po 1900

potrzebna w końcu dla rehabilitacji baroku i rokoka, uważanych dość długo za style schyłkowe. Neobarok, torujący sobie drogę do Europy z Paryża drugiego cesarstwa, stał się właściwie architektonicznym odpowiednikiem ówczesnego malarstwa iluzjonistycznego i naturalistycznego, a w swoim szczytowym punkcie osiągnął skłonność do malarskiego efektu, tak charakterystycznego dla późniejszego okresu XIX wieku. Neobarokowa dekoracja ze swoim umiłowaniem bujnych form plastycznych, zwierciadeł i złoceń stała się wzorem gustu dążącego do przepychu i upajająco błyszczącej wspaniałości.

Z drugiej strony klasyczną tektonikę naruszał neogotyk, który już na przełomie XVIII i XIX wieku wytworzył pierwsze założenie dla zburzenia klasycystycznej hegemonii i rozwinięcia się historyzmu. W ciągu stulecia stracił on trochę na znaczeniu, chyba w związku ze swym ukierunkowaniem na obiekty sakralne. Mimo to neogotyk nigdy nie zniknął z pola widzenia architektów i projektantów najprawdopodobniej dlatego, że gotycki szkielet konstrukcyjny stwarzał możliwość odejścia od masywnej budowli klasycznej. Dlatego też istotnym osiągnięciem XIX wieku na polu techniki budowlanej jest rozwój tak zwanej „inżynierskiej" architektury, wykorzystującej nowe możliwości stosowania żelaza i szkła. Kierunek ten coraz bardziej nawiązywał do tradycji gotyku. Widoczne to było wyraźnie w licznych znanych przykładach, jakimi były projekty hal z przekryciami wspartymi na systemie żelaznych belek nośnych, przedstawione w 1872 roku przez „chrześcijańskiego archeologa" Viollet-le-Duca.

Wynikiem tych wielostronnych i nieprzejrzystych wydarzeń, które w końcu stulecia wymknęły się już jakiejkolwiek ideowej lub materialnej kontroli, nie było jednak uczucie zadowolenia, lecz raczej świadomość stale pogłębiającego się kryzysu. Wiek XIX stworzył sobie szereg sposobności do robienia rachunku sumienia. Jedną z nich była instytucja Wystaw Światowych, odbywających się na zmianę w głównych europejskich i amerykańskich metropoliach. Od pamiętnej wystawy londyńskiej z roku 1851 żaden z mających ambicje krajów kapitalistycznych nie pozwolił sobie na ominięcie okazji, aby przynajmniej raz na kilkadziesiąt lat nie

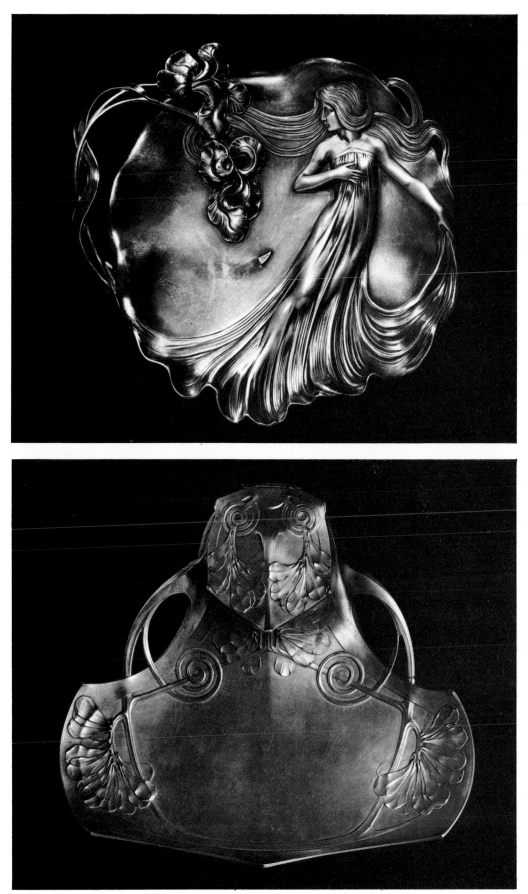

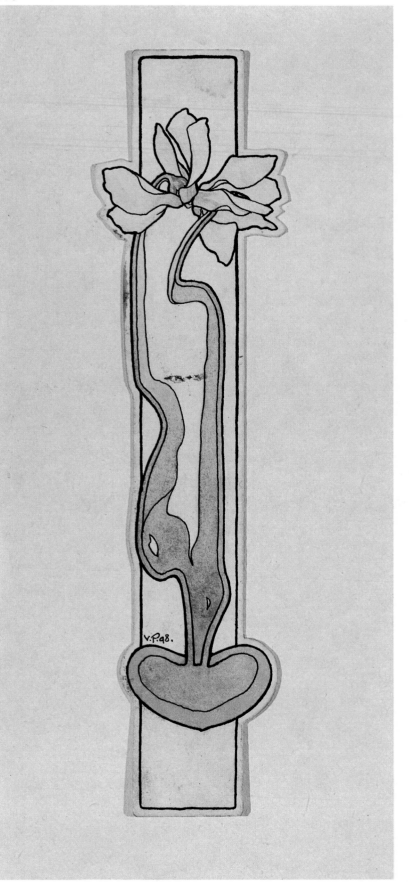

pokazać wyników rozwoju swej ekonomicznej i politycznej siły, włączając do hasła „niepowstrzymanego postępu społecznego" również wzorce rozwoju kultury. Właśnie w architekturze reprezentowanej przy tej sposobności najwyraźniej zarysowały się negatywne strony eklektyzmu. Jedynymi naprawdę pozytywnymi rezultatami tych olbrzymich imprez były „użytkowe" budowle ze stali i szkła, jak londyński Crystal Palace Paxtona czy Hala Maszyn Duterta i Contamina z Wystawy Światowej w Paryżu w roku 1889, a zwłaszcza tak bardzo dyskutowana Wieża Eiffla z tego samego roku. Rewolucyjna idea, że piękno architektury można również wydobyć bezpośrednio z nowoczesnej techniki budowlanej, mogła się jednak przebić o wiele później, a zrealizować dopiero w naszym stuleciu.

Niemniej jednak właśnie ta kryzysowa sytuacja wywołała zjawisko, które spełniło niezaspokojoną do tej pory tęsknotę XIX stulecia za własnym stylem architektonicznym. Był to prywatny dom inżyniera Tassela, wybudowany w Brukseli przez belgijskiego architekta Victora Hortę. Jego fasada była jeszcze symetryczna, tylko szeroko sklepiony środkowy ryzalit z wielkimi oknami zwracał uwagę na skłonność do wyolbrzymiania poszczególnych części budowli, a tym i na pewien wewnętrzny ruchowy impuls jej tworzywa. Zupełnie niecodzienna była jednak dekoracja klatki schodowej. Z delikatnej żelaznej kolumny nośnej, przypominającej łodygę rośliny, rozrastała się tu po ścianach, poręczy i innych detalach wegetatywna ozdobna linia, zmieniająca na królestwo przyrody wstrzemięźliwą i uporządkowaną przez swoje przeznaczenie przestrzeń komunikacyjną.

Pierwsze przejawy nowego stylu wystąpiły więc w dekoracji architektonicznej i było to zgodne z dotychczasowymi poglądami na estetyczną stronę budownictwa. Odstąpiono jednak zasadniczo od eklektycznej idei tworzenia nowych całości ze starych tradycyjnych części. Ornamentyka uwolniona od dotychczasowych wzorów, inspirowała się naturalizmem wypracowując nową kombinację, której główny element wiążący, ruchoma linia, nabrała charakteru lirycznie miękkiego, rytmicznie giętkiego ciągu.

To, że ten nowy pomysł dekoracyjny mógł być rzeczywiście wykorzystywany, a w końcu mógł się rozwinąć dając podstawę prawdziwemu stylowi, było możliwe jedynie dzięki temu, że Horta znalazł oparcie w kręgu nowych odbiorców, wywodzących się z kręgów liberalnej i socjalizującej młodej inteligencji belgijskiej. Dzięki burżuazyjnemu pochodzeniu ludzie ci dysponowali środkami finansowymi potrzebnymi dla rozwinięcia działalności budowlanej,

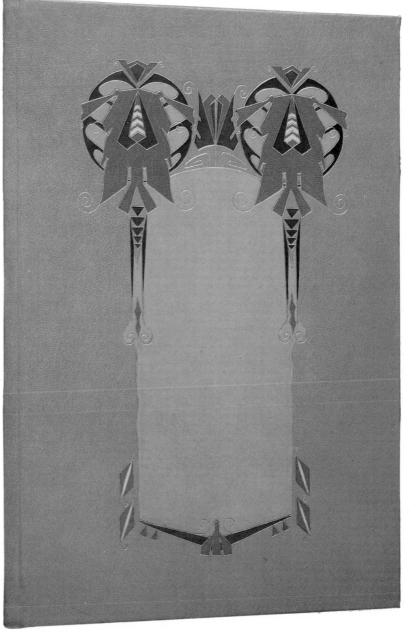

92. Vojtěch Preissig *Kwiat lilii,* 1898

93. Oprawa książki, Praga, około 1905

94. Victor Oliva, oprawa książki, 1898

a równocześnie przez swoje psychiczne ukierunkowanie, pozostając pod wpływem wizji możliwości stworzenia sprawiedliwego i postępowego ładu społecznego, byli dostatecznie zainteresowani, by program ten znalazł własny wyraz również w dziedzinie estetyki.

V.P.

W Brukseli lat dziewięćdziesiątych okazało się, że podstawowym warunkiem dla stworzenia nowego charakterystycznego systemu artystycznego jest także udział jego twórców w sposobie myślenia ingerującym w sprawy formowania społeczeństwa i wyrażającym podstawowe tendencje danego czasu. Powszechne prawo do głosowania było jednym z głównych żądań ideologicznych łączących ówczesnych „radykalnych" liberałów z socjalistami i nie było chyba sprawą przypadku, iż propagowano je również w czasie, gdy Horta tworzył swoją nową dekorację. Istniała pewna analogia między żądaniem burzącym stare przegrody stanowe i klasowe a stylem ignorującym hierarchię tradycyjnych motywów zdobniczych. Wiedzieli o tym również i przeciwnicy, którzy odrzucali jako przejawy anarchizmu zarówno nowe idee, jak i nową dekorację[30].

W tej analogii istotne było to, że twórczość Horty nie odbijała jedynie poglądów i ideałów jego postępowych przyjaciół, ale stanowiła samoistny estetyczny wyraz jego przekonań

95. Vojtěch Preissig, bordiury ozdobne do książki *Broučci (Chrząszczyki)*, 1902

o niezbędności podstawowych zmian w życiu. W dziesięcioleciu, które nastąpiło po wybudowaniu domu Tassela, Horta wystawił w Brukseli wiele prywatnych domów dla swoich mecenasów, a także swój prywatny dom (1898—1901), w którym dzisiaj mieści się muzeum artysty. Oprócz tego zbudował prawdziwy monument o nowym wyrazie architektonicznym — Dom Ludowy (1895—1899), niestety, zburzony w latach sześćdziesiątych naszego stulecia. Dopiero w tych budowlach w pełni rozwinął się styl Horty. To, co w domu Tassela stanowiło jeszcze przede wszystkim dekorację występującą jako zdobienie na powierzchni architektonicznej, opanowało następnie całą bryłę budowli i przeniknęło jej masę do tego stopnia, że zasadniczo

zmieniło się samo przestrzenne pojęcie budowli.

W literaturze poświęconej Horcie wielokrotnie zwracano uwagę, że w jego koncepcji budynku szczególną rolę pełni klatka schodowa i hall. Nie są to już wyłącznie użytkowe łączniki poszczególnych pomieszczeń mieszkalnych, których wymiary nie są zresztą ściśle wyznaczone, lecz ulegają zmianom dzięki ruchomym ścianom działowym. Wewnętrzna przestrzeń domu nie ma więc określonej hierarchii lub jednoznacznie określonego centrum, ale uwzględnia ruchliwość mieszkańca, któremu oferuje ciągle nowe i zmieniające się spojrzenia i widoki. Ta tendencja do nieustającego otwierania i rozwijania wewnętrznej przestrzeni została trafnie, niemal symbolicznie wyrażona we własnym domu Horty, gdzie w galerii na górze klatki schodowej słynne równoległe umieszczenie luster stworzyło efekt przestrzeni pomnażanej w nieskończoność.

Nie łatwo w pełni ocenić tę specyficzną jakość przestrzenną budowli Horty — jest ona o wiele ważniejsza niż

szczegóły dekoracyjne. Z jednej strony przypomina rozmiłowanie w zwierciadlanych bezdrożach i labiryntach, charakterystyczne dla romantycznego ducha XIX wieku. To podporządkowanie imaginacji dyktatowi nieskończoności w szczególny sposób respektuje jednak indywidualność i jej sposób przeżywania wieloznacznej, nie zamykającej się nieskończoności. Częściowo można to połączyć z tą wersją anarchizmu, która krążyła w latach dziewięćdziesiątych w kręgach intelektualnych, a była inspirowana wyobrażeniem jakiegoś „niewymuszenie" socjalizujące-

artyści i literaci, czerpiący między innymi z ruchu reformatorskiego w dziedzinie sztuk stosowanych w Anglii, którego czołowy przedstawiciel, William Morris, sam głosił pisemnie i praktycznie podobne idee. Ta angielska koncepcja była na tyle silna, że wywierała wpływ również na młodszą generację angielskiego „ruchu estetycznego", którego czołowy przedstawiciel, Oscar Wilde, napisał książkę poświęconą ruchowi *(The Soul of Man under Socialism,* 1891). Stąd bez wątpienia, w związku z autorytetem jaki zdobyli Anglicy już w latach osiemdziesiątych na polu reformy sztuk dekoracyjnych, przedostawały się silne impulsy do Belgii.

Anarchistyczne wyobrażenie życia społecznego jako spontanicznej koordynacji swobodnie rozwiniętych indywidualności znajdowało się pod silnym wpływem biologicznych metafor, wzbudzających w drugiej połowie XIX wieku ogólne zainteresowanie. Osobowość człowieka, a potem także jej najczystszy produkt — sztuka, nieustannie są tutaj przyrównywane do kwiatu lub do drzewa, a rozmaitość przyrody, podporządkowana jakiemuś wspólnemu prawu, uważana jest za najlepszy model również dla spraw ludzkich.

Tok myśli w biologii — od darwinowskiej „walki o byt" i „naturalnego doboru" do „entelechii" i „siły życia" Driescha — znajdował analogię również w koncepcjach artystycznych, gdzie po bujnych, naturalistycznych orgiach neobaroku przychodzi secesja. Także ona oparta jest na założeniach naturalistycznych, wynikłych z umiłowania przyrody, ale w jej istocie nie tyle chodzi o bogatą rozmaitość zjawisk przyrodniczych i żywiołowe rozszerzanie się nawzajem przenikających się i pochłaniających witalizmów, jak o wyraz tego, co stanowi wewnętrzną podstawę i źródło teatru przyrody i życia. Wewnętrzne prawo wzrostu pojmowane w jego niekończącej się ciągłości, w jego powszechnej kontynuacji. Dopiero takie podejście mogło

również w systemach dekoracji i ornamentacji zastąpić nagromadzenie detali i przypadkowość użycia motywów znakiem bardziej abstrakcyjnym i jednolitym, umożliwiającym scalenie zdobniczego programu. Dopiero w ten sposób mogła zostać stworzona skuteczna alternatywa dla klasycznych systemów dekoracyjnych i nowoczesność mogła dotrzeć także do architektury.

Genialność Horty polega na tym, że zrozumiał on biologiczną inspirację strukturalnie i potrafił ją połączyć z plastycznymi, technicznymi i materiałowymi wymaganiami budownictwa.

go społeczeństwa, w którym poszczególne jednostki mogłyby bez przymusu i ograniczania swoich potrzeb swobodnie uczestniczyć we wzajemnym spełnianiu życia. Nie było na pewno przypadkiem, że głównymi zwolennikami tego utopijnego wyobrażenia byli

96. Vojtěch Preissig *Dziewczyna w krajobrazie,* 1899

97. Vojtěch Preissig *Czytająca,* około 1900

Nadanie nowych form przestrzennych i zwiększenie dynamizmu substancji budowlanej stało się możliwe nie tylko przez zastosowanie nowych materiałów budowlanych, zwłaszcza żelaza i szkła, jak to miało miejsce w wielkich pomieszczeniach Domu Ludowego, ale także przez wprowadzenie asymetrii do tradycyjnie symetrycznego projektu budowli. Horta nie nadużywał asymetrii dla uzyskania efektów malarskich. Raczej łączył ją z symetrią i właśnie w ten sposób osiągnął tę szczególną dynamiczną równowagę między detalem a całością, która jest charakterystyczna dla prawdziwie stylowej twórczości secesyjnej.

Prace Victora Horty i innych postępowych belgijskich architektów i projektantów lat dziewięćdziesiątych zapoczątkowały zupełnie nowy rozdział w rozwoju reformatorskiego ruchu artystycznego, czego nie osiągnęli ani ich angielscy poprzednicy ani inni współcześni im twórcy. Program angielski, ukierunkowany bardziej na rzemiosło artystyczne, chociaż stworzył godne uwagi wzorce i wytyczył główne punkty nowego pojęcia stylu, nie miał tej stylowej spoistości, jaką uzyskali Belgowie kładąc główny nacisk na architekturę. Dopiero w ten sposób uzyskano własne założenia dla realizacji idei syntezy sztuk pięknych. Dążenia reformatorskie nie zadawalały się już jedynie stworzeniem stylowego wnętrza, ale odważnymi fasadami miejskich domów wkraczały do zbiorowej świadomości i wymuszały uwagę. Dopiero to manifestowanie wnętrza na zewnątrz doprowadziło do formuły stylowej, na której mogła się oprzeć także szersza produkcja.

Architektura stworzyła zatem ogólne ramy, w których mogły się dostatecznie jasno wypowiedzieć stylowo również sztuki stosowane. Horta, który do roku 1902 zrealizował około 30 budowli, równie starannie, według własnych projektów, opracował wyposażenie ich wnętrz. Meble, do których przed wykonaniem ich przez rzemieślników, często były sporządzane gipsowe modele, sztukateria, tapety, lampy, metalowe ozdoby, okucia łącznie z klamkami, wszystko to było podporządkowane jednolitemu stylowi. Pozostali projektanci belgijscy, jak Paul Hanker, Gustave Serrurier-Bovy, Henry van de Velde, byli również architektami i dlatego, zwłaszcza do projektowanych przez nich mebli, przeniknęły nie tylko zdobnicze, ale głównie strukturalne zasady nowego stylu. Van de Velde stworzył nawet całą teorię dotyczącą nowego stylowego wnętrza. Miało ono powstawać poprzez przenikanie się tak zwanych pozytywowych i negatywowych

98. Ladislav Šaloun, rzeźba figuralna na fasadzie Dworca Głównego w Pradze, 1909

99. Josef Fanta, Dworzec Główny w Pradze, 1900—1909

form, gwarantujących jednolitą kompozycję w stosunku do przestrzeni wyznaczonej przez architekturę i artystycznie kształtujących wnętrze poprzez linie muzycznie odczuwane.

Za przykładem Anglików również na kontynencie zaczęły powstawać warsztaty rzemiosła artystycznego i ośrodki sprzedarzy stylowego wyposażenia wnętrz. Najbardziej znane było, powstałe w roku 1895, paryskie przedsiębiorstwo Samuela Binga, noszące nazwę ,,Art Nouveau". Stąd właśnie dla całego kierunku stylowego, występującego pod różnymi nazwami, przyjęto nazwę, która używana jest do dzisiaj. Przedsiębiorczy Bing zatrudnił van de Veldego, który zaprojektował cztery pomieszczenia jego sklepu. Do Binga dołączył później krytyk sztuk pięknych Julius Meier-Graefe ze swym ,,Maison Moderne". Chociaż klientela Binga nie była zbyt liczna, Art Nouveau stała się pojęciem współczesnej sztuki programowanym w czasopismach o sztuce dekoracyjnej, które, szczególnie w drugiej połowie lat dziewięćdziesiątych, ogromnie się rozmnożyły.

Przemyślana organizacja i zmysł praktycyzmu stały u podstaw belgijskiego ruchu, stwarzającego nowatorskie możliwości ożywienia tradycyjnej produkcji. W Belgii, gdzie już w poprzednim okresie meblarstwo dobrze prosperowało, Serrurier-Bovy zatrudnił ponad stu stolarzy pracujących w drewnie hebanowym, gdyż jego modele zyskały wzięcie wśród ludzi interesujących się nowościami. Podobna sytuacja była we Francji, gdzie Eugène Gaillard, pracujący dla Binga czy Louis Majorelle, który przejął po ojcu warsztat meblarski w Nancy i przekształcił go w kwitnące przedsiębiorstwo, szybko zrozumieli nowość belgijskiego stylu. Tradycyjnie wysoki poziom rzemiosła meblarskiego we Francji i wyczucie odziedziczonej przez Art Nouveau spuścizny rokoka, pozwoliły tym artystom wycisnąć własne piętno na stylu belgijskim. Pokrewieństwo językowe i żywe związki kulturalne między walońską Brukselą i Paryżem przyczyniały się do nawiązywania szybkich kontaktów, dzięki czemu prawie natychmiast styl belgijski stawał się stylem międzynarodowym.

W kierunku wschodnim styl belgijski rozprzestrzeniał się nie tylko dzięki zainteresowaniu niemieckich teoretyków i handlowców, jak Meier-Graefe i Bing, ale również poprzez działających tam belgijskich projektantów. Zwłaszcza van de Velde, który przez długie lata był dyrektorem Kunstgewerbeschule w Weimarze, wywarł znaczący wpływ na nowoczesny ruch w Niemczech. Niemniej jednak artyści niemieccy mieli również własne dążenia, których ideowym wyrazem była pierwsza środkowoeuropejska secesja utworzona w 1892 roku w Monachium przez plastyków niezadowolonych z polityki wystawienniczej. W drugiej połowie lat dziewięćdziesiątych artyści monachijscy zaczęli organizować wspólne wystawy sztuki stosowanej, malarstwa i rzeźby, demonstrując tym nowe dążenie do zlikwidowania tradycyjnych podziałów między wolną sztuką a rzemiosłem. W roku 1898 powstały Vereinigten Werkstätten für Kunst im Handwerk, dla których projekty dostarczali Herman Obrist, August Endell, Bernard Pankok, Richard Riemerschmidt i Bruno Paul. Niemieckie meble wyróżniały się własnym stylowym ,,odcieniem", często widoczna była w nich inspiracja sztuką ludową.

Ruch odnowy sztuki dekoracyjnej rozszerzył się także na Austrię, gdzie po założeniu w roku 1903 Wiener Werkstätte ukształtował się z czasem znaczący ośrodek. Swą działalnością nawiązywał do szkockiej szkoły z Glasgow, a dziełami Josefa Hoffmanna i Kolomana Mosera w zasadzie zamknął dziesięciolecie rozkwitu belgijsko-francuskiej Art Nouveau i do głębi zmienił podstawową formułę kształtu nowego stylu.

W drugiej połowie lat dziewięćdziesiątych, oprócz szyderstw konserwatystów i uszczypliwości związanych z nimi żurnalistów, już nic nie stało na przeszkodzie Art Nouveau w jej zwycięskim pochodzie przez nowoczesny świat. W architekturze styl ten występujący początkowo w domach prywatnych należących do postępowych artystów, adwokatów i przemysłowców, szybko został przejęty przez budowle publiczne. Obok gmachów wznoszonych dla postępowych grup i organizacji społecznych, jakim był na przykład Dom Ludowy Horty w Brukseli, Art Nouveau znalazła największe pole do działania tam, gdzie się koncentrowało i pulsowało życie wielkiego miasta: w dużych magazynach handlowych, jak Paula Santenaya ,,Old England" w Brukseli (1899), halach targowych, hotelach,

100. Wazon z
reliefowym zdobieniem
wykonany w hucie
szkła Loetz, Klášterský
Mlýn
(Czechosłowacja),
około 1900

101. Lampa stołowa
wykonana w hucie
szkła Králík, Lenora
(Czechosłowacja),
około 1900

restauracjach, dworcach kolejowych i w reprezentacyjnych budowlach. W 1900 roku w Paryżu Art Nouveau już nie tylko, jako „sztuka wystawowa" dominowała na Wystawie Światowej w eksponatach rzemiosła artystycznego szkół artystyczno-przemysłowych i w pawilonach prawie wszystkich państw, ale — w postaci niezwykłych wejść do paryskiego metra zaprojektowanych przez Hectora Guimarda — zaczęła również wychodzić na ruchliwe ulice wielkiego miasta. „Styl Metro", który sam architekt nazywał dumnie i propagował jako „styl Guimard", był znamiennym potwierdzeniem, jak niecierpliwie ta epoka oczekiwała na swoją sztukę. Fantastyczne łodygi roślinne z brązu podtrzymujące lampy elektryczne, napisy i szklane daszki stały się, chociaż niezbyt logiczną, to jednak nieodłączną częścią wyglądu zewnętrznego miasta. Był to osobliwy, ale w pełni charakterystyczny wytwór epoki, łączący najbardziej dojrzałą technicznie formę miejskiej komunikacji masowej z prawie bajkową wyobraźnią, powiększającą łodygi roślin tak bardzo, że przerażały przechodzących pod nimi ludzi. Guimard wprowadził przyrodę do miasta i to w sposób, który w pełni wykazał szczególny mityczny stosunek ówczesnego mieszkańca miasta do pojęcia „przyroda". Chyba jego zamiarem było pokazanie kontrastu pomiędzy „wegetatywnym" rojeniem się tłumu na powierzchni ulicy a technicznym ładem ruchu w podziemiach. W rzeczywistości jednak jego fantasmagoryczne ornamentacje wejść do podziemnego świata przemieniły się w doskonałe symbole biegu życia wielkiego miasta i przeniosły elegancką ekskluzywność pierwotnej Art Nouveau w obszary ludowej imaginacji.

Wkraczając na publiczne forum wielkiego miasta Art Nouveau zyskała wybitnego sprzymierzeńca w nowoczesnym plakacie. Plakat rozwinął się z ilustrowanych graficznych ogłoszeń, które pojawiły się już w XVI wieku. Dopiero jednak w drugiej połowie XIX wieku rozpoczął się jego rzeczywisty rozkwit w związku z rozwojem nowej wielkomiejskiej, zurbanizowanej cywilizacji. Ukazanie się obrazowego plakatu na ulicach wielkiego miasta umożliwiły również nowe techniki drukarskie, a szczególnie barwna litografia, wynaleziona w końcu XVIII wieku przez prażanina, Aloysa Senefeldera. Potem

102. Antonín
Balšánek, Oskar
Polívka, Miejski
Dom
Reprezentacyjny
w Pradze, fragment
markizy, 1911

103. Antonín
Balšánek, Oskar
Polívka, Miejski
Dom
Reprezentacyjny
w Pradze, fragment
fasady

104. Louis Comfort Tiffany,
dwa wazony, około 1900

105. Hector Guimard, wejście do stacji metra w Paryżu, około 1900

106. Charles Rennie Mackintosh, krzesło z wysokim oparciem wykonane dla herbaciarni przy ul. Argyle, około 1897

fotograficzne techniki reprodukcyjne stworzyły możliwości taniej produkcji przy jednoczesnej dobrej jakości. Swoistą rolę odegrało tutaj również, występujące w późnych latach XIX stulecia społeczne zapotrzebowanie na drukowany, reprodukowany obraz, co wiązało się z ogólną demokratyzacją życia kulturalnego i bez wątpienia także z potrzebami kapitalistycznego rynku towarowego, który chciał reklamować swoje produkty szybciej i bardziej nęcącym sposobem.

Pierwszym jednak kręgiem tematycznym, w którym zaczął się rozwijać nowoczesny plakat obrazowy był głównie świat wielkomiejskiej zabawy. Przedstawienia operowe, sztuki teatralne, kabarety i rewie muzyczne stały się

107. Emil Holárek *Nauka nieuświadomionych*, 1900

108. Plakat reklamujący cykorię Kolba, Czechy, po 1900

wdzięcznym przedmiotem reklamy, w której dotychczasową przewagę pisma w ogłoszeniach publicznych zastępowano obrazem. Na tym gruncie wyrosło dzieło „ojca" nowoczesnego plakatu — Francuza, Jules'a Chéreta, który swoimi wielobarwnymi pracami stał się pierwszym klasykiem nowoczesnego „salonu ulicy". Stąd również wywodziły się pomysły Toulouse-Lautreca, dzięki którym plakat osiągnął szczyty artystyczne.

Na przełomie lat osiemdziesiątych i dziewięćdziesiątych plakat stał się przedmiotem ogólnego zainteresowania intelektualistów i artystów. Książka Maindrona *L'Affiche Illustrée* z roku 1886 i jego retrospektywna ekspozycja plakatu na Wystawie Światowej 1889 pobudziły do organizowania dalszych wystaw, a głównie do działalności edytorskiej, która potraktowała plakat nie tylko jako środek przekazu reklamowego, lecz jako specyficzną manifestację artystyczną. W tym sensie pisali o plakacie również wybitni krytycy i literaci, jak Joris Karl Huysmans czy Anatole France, którzy podnosili jego wartości poetyckie i powszechną dostępność. Punktem zwrotnym w rozwoju nowoczesnego plakatu stała się rewia *La Plume*. Dla jej wystaw artystycznych, zwanych Salon des Cents, na przestrzeni lat dziewięćdziesiątych wybitni graficy wykonali prawie pięćdziesiąt plakatów[31]. Plakaty te wystawiano na równi z pozostałymi dziełami i sprzedawano jako najtańsze grafiki.

Entuzjazmowanie się artystów plakatem było zrozumiałe już choćby z powodu ich długotrwałej walki z oficjalną kulturą akademicką, jej kryteriami oceny i instytucjami. Plakat wymykał się kontroli akademickich jurorów, strzegących dostępu do oficjalnych salonów. Zresztą jeden z pierwszych plakatów wykonanych dla modernistycznego Salonu des Cents uszczypliwie przedstawił karykaturę akademika w uroczystym uniformie i z parasolem niechętnie płacącego w kasie jednego franka za bilet wstępu na wystawę.

Plakat oznaczał dla nowoczesnego artysty plastyka bezpośredni kontakt z najszerszą publicznością; zgodny był zatem z coraz silniejszą ideą podnoszenia poprzez sztukę poziomu kulturalnego ludu. W latach dziewięćdziesiątych była to jedna z najbardziej istotnych idei i stanowiła główny argument dla

113

rozpowszechniania Art Nouveau. Lud, jako odbiorca nowej sztuki, umiał już sprostać jej zderzeniom z oficjalnym gustem, a jednocześnie filantropijne dążenia przybierały konkretną aktywną postać. Dążenia te zawsze były znaczącym składnikiem programu socjalnego średnich warstw społecznych, z których rekrutowała się większość zainteresowanych artystów.

Oprócz wspomnianych już powiązań belgijskich architektów i projektantów z liberalno-postępowym i socjalistycznym skrzydłem politycznym, zakładano najróżniejsze spółki i związki o postępowym charakterze. Takimi były: Société Populaire des Beaux-Arts adwokata Benoit-Lévy'ego, Société du Nouveau Paris architekta Jourdaina, budowniczego Samaritaine, jednego z największych paryskich domów handlowych, wreszcie Société Internationale de l'Art Populaire założone przez Henriego Cazalisa.

Henri Cazalis, lekarz i prawnik, swoje poetyckie i socjalno-reformatorskie koncepcje publikował pod pseudonimem Jean Lahor. W zorganizowanym przez siebie stowarzyszeniu zgrupował wielu znanych artystów francusko-belgijskiego Art Nouveau (Grasset, Gallé, Lalique i Horta) oraz postępowych publicystów. Z ich udziałem chciał podnieść socjalny i estetyczny poziom życia robotników i rzemieślników, i to zarówno życia prywatnego, jak i w miejscach publicznych (gospoda, ratusz, szkoła, mniejsze dworce kolejowe i wagon kolejowy 3 klasy). Chociaż większość tych dobrze pomyślanych projektów nie przekroczyła fazy przygotowań i wyżywano się głównie w organizacji wystaw przydatnych wzorów i przykładów, w działalności oświatowej i prelekcyjnej oraz w deklaracjach, jednak cały ten ruch dowodził zainteresowania i usiłowań nowej sztuki w kierunku polepszenia klimatu socjalnego wielkiego miasta właśnie tam, gdzie było to rzeczywiście najbardziej potrzebne.

Niejednokrotnie powstawały wtedy nowe wartościowe pomysły i rozwiązania, które mogły być z czasem rozwinięte w XX wieku. Tak było na przykład z „robotniczym" kompletem mebli Silex Serrurier-Bovy'ego, który stanowił pierwszy krok na drodze do produkcji cenowo dostępnych, a jednocześnie higienicznych i estetycznych, standardowych mebli segmentowych.

109. Plakat reklamujący czekoladę Jordan i Timaeus, Austria, po 1900

Programy tych stowarzyszeń, grup i jednostek zawierały wiele idealistycznego utopizmu, który na początku naszego stulecia, kiedy wyraźnie zaostrzyły się klasowe i społeczne sprzeczności, doszedł do granic swoich możliwości. Niemniej jednak te usiłowania, tak żywe w latach dziewięćdziesiątych, rozszerzyły dążność do zespolenia sztuki z życiem i kontemplowania przyrody również na żywot człowieka, zarówno w jego ogólnym, społecznym i kolektywnym sensie. I chociaż siły sztuki i kultury okazały się w końcu zbyt słabe w stosunku do potężniejszych mechanizmów społecznych, to stworzony został wzór, który mógł być dalej rozwijany. Sztuka, która swoje poglądy wzorowała na przyrodzie, przychodziła z propozycją, aby także życie mieszkańców dużego miasta było kształtowane na zasadzie siły wzrostu, na wzorcu, który sztuka odkryła w kwiecie i istocie żyjącej. Dawało to możliwość regulacji żywiołowych sił, które w wyniku społecznej aglomeracji i postępu technicznego i tak już były obecne w wielkim mieście, jak również wykorzystania ich z pożytkiem dla człowieka. Była to właściwie pierwsza lekcja ekologii, eksperyment prowadzony na wielkomiejskim przemysłowym organizmie, który nie przyjmował go jednak bez walki.

Naturalistyczny idealizm i skłonność do krasomówstwa występujące w projektach Art Nouveau o tendencjach Art Social, prowadzą czasami do negatywnej oceny secesji jako próby powstrzymania technicznego, a więc i społecznego rozwoju. W istocie jednak secesyjna sztuka taki sam nacisk kładła na oryginalność i indywidualność jak na użyteczność. Starała się raczej łączyć obie te cechy we wzajemnym produktywnym związku, a czyniła to na ogół żywiołowo, intuicyjnie. Dlatego sztuka secesyjna ma tak niezwykły zakres wartości, dlatego często spotykamy obok siebie mistrzowskie dzieło oraz całkowitą banalność i kicz. Ta sprzeczność jest nieunikniona w sytuacji, kiedy sztuka starała się wniknąć do sfery socjalnej jako czynnik transformujący i była przy tym kierowana dominującym wyobrażeniem przenikającej wszystko, wszędzie obecnej, naturalnej i kosmicznej siły życiowej.

Artyści secesji upatrywali jej zbiorowego działania tak w tętnie tłumu i życia wielkomiejskiego, jak i w procesach przyrody. Była to dla nich uniwersalna potęga obejmująca wszystkie zjawiska. Dzięki takiemu poglądowi, uzyskali w rozciągniętej krzywej sił graficzny symbol swego stylu. Jeśli jednak ta ideowa motywacja była konieczna dla powstania krzywej jako głównej cechy stylu secesji, cechy, która wkrótce stała się modną etykietą, to rzeczywisty wymiar stylowy uzyskiwała secesyjna krzywa tylko w odniesieniu do powierzchni. Dlatego też styl secesyjny mógł być czymś o wiele bardziej obiektywny i we właściwym tego słowa znaczeniu historyczny, niż wszystkie jego ideowe motywacje lub komentarze. Ostatecznie był realizowany praktycznie, jako stale czynna forma plastyczna, której rdzeń jest technicznie zdolny do rozwijania różnych treści i znaczeń. Te możliwości powiększały się równomiernie z rozszerzaniem się i popularyzacją nowego stylu. Tam zacierały się jego pierwotne motywacje ideowe, pod których auspicjami powstał, a formuła stylowa stawała się ogólnym dorobkiem. Największy udział w tym powszechnym procesie sekularyzacji miała grafika reprodukcyjna.

Około roku 1900 reprodukcje drukowane osiągnęły wysoki poziom, co umożliwiało im zajęcie odpowiedniego miejsca wśród sztuk plastycznych. Szczególnie litografia umożliwiła

szybką i masową produkcję i znaczące zwiększenie nakładów wydawniczych. Technika ta, odpowiadająca zapotrzebowaniu szerokiego grona odbiorców na posiadanie najlepszych dzieł artystycznych, niepowtarzalnych w inny sposób jak przez ich przedruk, przyczyniała się do wzmocnienia znaczenia swoistej unifikacji. Styl secesyjny, który w odróżnieniu od wielości wcześniejszych eklektycznych kierunków, dążył do jedności poglądów, odpowiadał także w pewnym sensie tej tendencji grafiki reprodukcyjnej, która wyrażała nie tylko swą własną istotę techniczną, ale była również nośnikiem głębszych tendencji nowych czasów.

Właśnie plakat, chętniej przyjmowany przez publiczność niż nowoczesne obrazy czy rzeźby, dobrze wyznaczał tę szczególną dwoistość secesyjnej kultury, która od deklaracji właściwie bardzo ekskluzywnych i wyjątkowych przechodziła w szeroką falę „ludowej" reprodukcji.

U charakterystycznych przedstawicieli Art Nouveau obie te tendencje były przemieszane. I tak na przykład Alfons Mucha zdobył popularność plakatami dla aktorki Sarah Bernhardt. Paryskiego widza przyciągały one właśnie tym, czym się różniły od poniekąd krzykliwego i lekceważącego tonu, który nadał Chéret dotychczasowej produkcji. Plakaty te, o formacie wydłużonego pionowo prostokąta, utrzymane w przygaszonej tonacji barwnej, określano jako „bizantyjskie" z powodu hieratycznej sztuczności postawy gwiazdy teatralnej, przedstawianej w swoich sławnych rolach, specyfiki jej kostiumów i wprowadzonej ornamentyki. Mucha był niezwykle zręcznym rysownikiem i na poczekaniu zapełniał płaszczyzny swych plakatów ornamentem roślinnym, którym wręcz rozrzutnie zdobił wszystkie przedmioty i formy secesyjne i który stosował w zdobnictwie wnętrz i grafice książkowej. Był Mucha także autorem *Documents Décoratifs*, jednego z najbogatszych zbiorów secesyjnych. Jednak przy całej różnorodności swej sztuki w motywach figuralnych stosował przeważnie jeden schemat kompozycji: urodziwą, somnambulicznie nieobecną kobietę otaczał podkowiastą aureolą przypominającą półksiężyc. Tła tych kompozycji są zazwyczaj symbolistyczne, wywodzą się z „pozazmysłowego odczuwania" i spirytyzmu, którymi Mucha zajmował się

ZDRAVÝ POKRM PRO KAŽDÉHO
JOGURT

VYRÁBÍ
PRVNÍ ČESKÁ AKCIOVÁ PARNÍ MLÉKÁRNA
V PRAZE.
D·NEUBERT·SMICHOU·

110. František Hering, plakat reklamujący jogurt, 1912

razem z astronomem Flammarionem i innymi osobami interesującymi się okultystyką. Te ezoteryczne postaci ukazywał Mucha nie tylko w ilustracjach do bibliofilskiego wydania *Ojcze Nasz* (1899), pełnych symboliki wolnomularskiej i różokrzyżowej, ale również w zupełnie prozaicznych reklamach różnych likierów, tabaki lub pudełeczek do mydła. Nie można tego wyjaśniać wyłącznie zawarciem przez Muchę nierozważnego kontraktu z drukarzem Champenoise, który go zmuszał do ilustrowania wszystkiego, na co otrzymał zamówienie. Należy przypomnieć, iż Mucha był również członkiem Société Internationale d'Art Populaire, zatem prezentował pogląd, że sztuka musi zbliżać się do ludu.

Do tej z założenia już realistycznej i naturalistycznej strategii aktualnej sztuki zostały teraz jednak włączone również elementy symbolistyczne, które jeszcze na przykład Manet wykluczał z nowoczesnego malarstwa (czemu dał wyraz w wypowiedzi na temat malarstwa Gustave'a Moreau). Zjawisko to przybierało poniekąd osobliwe formy, gdyż zainteresowania Muchy i Flammariona stanami hipnotycznymi miały charakter wiedzy „eksperymentującej". Niemniej jednak ten synkretyzm, pod etykietą jednoczącej stylowości łączący pierwotnie przeciwstawne poglądy stanowił bardzo charakterystyczną cechę schyłku XIX stulecia.

Nowoczesna sztuka, która tak wiele czerpała z doświadczeń fotografii, rzeczywiście w sposób godny uwagi poszerzyła sferę widzenia rzeczywistości o to, co może być nazwane „optyczną podświadomością". Oprócz tej zdolności wychwytywania niedostrzegalnych dotychczas detali, z drugiej strony szukała sztuka swej istoty w aksjomacie siły życia i energii. Uważała je za ogólnoświatową zasadę, którą chciała nowymi środkami wyrazić tak, jak astronomom objawiła się możliwość studiowania procesów makroświata za pomocą lunety. Obie te tendencje prowadziły do zwątpienia o znaczeniu perspektywy, jako podstawowego, tradycyjnego klucza do właściwego przedstawienia przestrzeni, prowadziły do powstania poniekąd jeszcze mało przejrzystego pojęcia ambiwalencji przestrzeni, jak to zaobserwowaliśmy w architekturze Horty, oraz do typowego spłaszczenia dekoracyjnego. Ale właśnie wskutek tych nowych zasad plastycznych doszło także do zmian treści: głównymi sprawami i łącznikiem teraźniejszości stały się pewne ogólne formuły i idee, znajdujące potwierdzenie właśnie tylko w różnorodnym splocie rozmaitości zjawisk.

Dlatego do stylu secesyjnego należą również te środki wyrazu, które w innym przypadku wahalibyśmy się zaliczyć do sztuki, jak na przykład plakat handlowy czy architektura stiukowa. Nie wynika to tylko z faktu, że również renomowani artyści chętnie te plakaty wykonywali (Mucha, Hynais, Orlík), ani że pracownie szkół artystyczno-przemysłowych we współpracy z innymi szkołami zawodowymi systematycznie kształciły także praktycznie rzemieślników budowlanych, tynkarzy, ślusarzy, a również twórców zajmujących się rzemiosłem artystycznym, ale o to, że społeczeństwo tak chętnie przyjmowało produkty ich pracy.

Ówczesny komercjalny plakat tworzyli często znakomici artyści, którzy z czasem wyspecjalizowali się w tej dziedzinie i nawet go sygnowali. Interesujący jest fakt, że pewna „stylowość" przejawiała się również w dziełach anonimowych, gdzie zapuściła mocne korzenie. Tę stylowość wyczuwa się także w barwnych drukach, w szczególnym liternictwie i jego integracji z płaszczyzną, a zwłaszcza jeszcze

głębiej w pewnych uczuciowych i znaczeniowych akcentach. Na secesyjnych plakatach kobiety oferujące rozmaite towary — od fiołków począwszy, przez cukierki i rękawiczki, aż do rowerów — mimo wszystkich różnic w wyglądzie mają coś wspólnego, prezentują typ odwołujący się do nierzeczywistej imaginacji widza, a więc do strefy, gdzie jakaś tajemnicza i zbiorowa wyobraźnia wzbogaca się skrycie ale silnie o indywidualne zmysłowe wspomnienia, oceniając te naiwne obrazy jako projekcję pragnień. I tak to, co wegetatywne, to, co organiczne zyskuje imponujący wymiar erotyczny, a ten staje się następnie rzeczywistą podstawą spopularyzo-

111. Jaroslav Bartošek, plakat, po 1900

wanego Art Nouveau. Sztukaterie zdobiące architekturę czynszowych kamienic i willi, sploty metalowych liści i wici owijające poręcze, kwiaty swobodnie rozrastające się na ścianach i trawione na szybach, prawie pachnące w barwnych reprodukcjach doprowadzają do niepodzielnego widzenia świata, łączącego zmysły z uczuciem w wyjątkowym akordzie.

Secesji udało się tym sposobem rzeczywiście zmienić oblicze nowoczesnego wielkiego miasta i stworzyć, przynajmniej na pewien czas, spoiste środowisko życia jego obywateli. Nie stało się to w wyniku racjonalizacji pierwotnego, żywiołowego chaosu, chociaż pewną rolę odgrywał tu postęp przejawiający się w oświetleniu ulic i mieszkań, w podniesieniu stanu higieny i w strukturalizacji ośrodków reprezentacyjnych, kultu religijnego, handlowych, rozrywkowych i innych w dzielnicach mieszkaniowych. Istotniejsze było jakieś magiczne zdominowanie życia miasta przez obrazy, powstawanie dzieł, w których sztuka zadeklarowała spoistość ze zbiorowym rytuałem, a przypadało to na okres rozwoju technik reprodukcyjnych.

Programowe ukierunkowanie sztuki na przedstawianie życia i jego przejawów przyniosło w drugiej połowie XIX wieku prawdziwy renesans rodzajowego malarstwa i grafiki. Wcześniej w sztukach plastycznych przeważała anegdota lub skłonność do opisowego odtwarzania środowiska, różnych postaci i typów, teraz postacie na obrazach pojawiały się w bardziej naturalnym odniesieniu do tła, a tradycyjne różnice były zacierane na korzyść nowej malarskiej optyki. Jeszcze w latach siedemdziesiątych karykaturzyści drwili sobie z malarzy, którzy, podobnie jak fotografowie, niwelowali wyizolowanie przedmiotu na pierwszym planie i nie wahali się ,,przecinać'' postaci brzegiem płótna sugerując ich wyjście poza obraz. Obrazowi o charakterze panoramicznym, rozumianemu jako ,,okno otwarte na przyrodę'', przeciwstawiono nowy sposób przedstawiania, który raczej płasko przybliżał głębię, a obraz rozwijał horyzontalnie. Ta impresjonistyczna metoda stopniowo przeniknęła do całej malarskiej twórczości. Stała się tak samo oczywista, jak świetlista kolorys-

112. Félix Vallotton *Uliczni śpiewacy*, 1893

tyka stosowana według zasad malarstwa pejzażowego również tam, gdzie tematem nie był krajobraz.

Bogaty koloryt życia wielkomiejskiego dostarczał malarzom dostatecznie dużo materiału. Nowe malarstwo rodzajowe dzięki swej wyzwolonej technice spoiło miejski *intérieur* z *extérieurem* i przyjęło właściwie całokształt miasta jako fantastyczną krainę lub ogród, gdzie kobiety w modnych strojach, zróżnicowanych od pospolitej szarości aż po kolibrową fantazję wieczorowych powłóczystych sukien, dopełnionych bogato zdobionymi kapeluszami i mnóstwem dodatków, upodobniały się do kwiatów lub ptaków. Dominacja estetycznego przeżywania przyrody przeniknęła aż tutaj i właśnie „zdobnicze" starania miejskich dam znalazły w niej oparcie.

Na przełomie stuleci malarzy nieustannie frapowały wszelkie przejawy różnobarwnego życia, z jego nieustającymi zmianami i nastrojowymi przeobrażeniami. W tej zwiększonej wrażliwości na chwytanie przemijającego a przy tym niewyczerpanego bogactwa zjawisk życiowych objawiała się optyczna jedność ówczesnego „nowoczesnego" obrazu. Pojęcie impresjonizmu niezwykle się przy tym rozszerzyło i spopularyzowało, odchodząc jednak w dużym stopniu od swojej istoty. Malarstwo tego rodzaju zmierzało do osiągnięcia zmysłowej pełni obrazu, do odczucia rozkoszy, organicznego piękna. Jego punktem oparcia był już naturalizm, a nie klasyczny idealizm. To podporządkowanie się wizualnej prawdzie wnosiło do kolorowych snów nie dające się pominąć memento o przemijaniu i wewnętrznym dramacie. Właśnie w twórczości najwybitniejszych malarzy nowego „teatru życia" zawsze przebija ta druga strona, często w niezwykłym współbrzmieniu ze zmysłowym upojeniem. Połączenie to stanowiło o sile wyrazu nowego malarstwa, zwracającego uwagę na tragedie, ukazujące się jak rysy na pozornie gładkiej powierzchni życia.

Takim przenikliwym obserwatorem życia był Henri de Toulouse-Lautrec, który upodobał sobie krzykliwy świat lokali rozrywkowych francuskiej metropolii, słynny Montmartre, jako zwierciadło odbijające rzeczywistość sławnej „belle époque". Chyba wówczas rzeczywiście wystarczało malarzowi zasiąść przy swoim stoliku w Moulin

113. Luděk Marold *Pan i pani*, około 1895

114. Luděk Marold *Pocałunek pod parasolką*, około 1895

Rouge, zamiast uganiać się po świecie, aby poznać współczesnego mu człowieka. Obraz Lautreca z roku 1892 *Dwie kobiety tańczące walca* ukazuje scenę rodzajową dobrze oddającą atmosferę środowiska. Artysta wprowadza tu tylko kilka wyrazistych postaci, które łączy rozmyślnie, choć na pierwszy rzut oka całkiem przypadkowo. Między parę gości przyglądających się z galerii a parę kobiet tańczących walca, z których zastępująca mężczyznę z zamkniętymi oczyma przeżywa rytm i sentymentalność popularnej melodii, między te pary wkracza jakby interwencyjnie, wzdłuż skośnej linii poręczy, odwrócona tyłem, oddalająca się postać kobiety symbolizująca upływające życie. Nawet kompozycja kolorystyczna tej drugorzędnej postaci przyciąga uwagę czerwonym płaszczykiem podmalowanym żółcią i zielenią jak całość obrazu, który z domieszką sennego błękitu, zyskuje ów niepowtarzalny i trudny po opisania klimat przytłumionej absyntem wizji, błogo łączącej rozkosz ze smutkiem.

Lautrec w swych obrazach i seriach grafik z nieomylną pewnością uchwycił szczególny groteskowy akcent tych czasów, prawie jakby ilustrował wcześniejszą definicję Ruskina, że groteska jest połączeniem komizmu i demonizmu, co daje efekt śmieszny i straszny. Aczkolwiek takie wykorzystanie karykatury miało już poważne zaplecze w grupie romantycznych rysowników francuskich, teraz to spojrzenie na ludzką osobowość zyskało nowe znaczenie, zwłaszcza, kiedy połączyło się z postimpresjonistycznymi środkami wyrazu i przeniknęło także do malarstwa sztalugowego. Aktorki, szansonistki i tancerki Lautreca są wprawdzie zindywidualizowane, ale ich osobowość jest nieustannie przesłaniana groteskową maską, określającą ich rolę w jarmarku życia. Te królewny chwili wnoszą do blichtru iluzji i wesołości dreszcz otchłani. Charakterystyczną i uwydatnioną ambiwalencją maski i niezwykłością osoby niewątpliwie osiągnął Lautrec element nowoczesności w swej sztuce. Właśnie z tego rozdwojenia osobowości osłoniętej przezroczystym welonem wyzierało uczucie niepokoju.

Najbardziej reprezentatywnym malarzem odtwarzającym stany niepokoju stał się w tym czasie Vincent van Gogh. Z okresu rocznego pobytu artysty w zakładzie psychiatrycznym w Saint-Rémy, gdzie w przerwach między atakami choroby powstawały najwybitniejsze dzieła, pochodzi obraz *U progu wieczności*. Drobny starzec przecierający pięściami oczy, jakby się starał obronić przed halucynacjami, sugestywnie wyraża krytyczną sytuację psychiczną, kiedy niepokój przemienia się w rozpacz. Obraz ten powstał zapewne pod wrażeniem środowiska zakładu, a być może został zainspirowany stanem któregoś z „towarzyszy niedoli", jak zresztą pisał malarz w korespondencji o pensjonariuszach tego zakładu o dość łagodnym regulaminie. Ale motyw lamentującego starca był właściwie dosłownie przejęty ze szkicu, który van Gogh wykonał wiosną roku 1883, w początkowym okresie swego malarstwa, nazywając go *Niepotrzebny*. Także zniszczone buty starca nawiązują do innego studium z okresu społecznego realizmu van Gogha, kształtującego się pod wpływem Milleta. Filozof Martin Heidegger wykorzystał to studium w swej słynnej pracy o powstawaniu dzieła artystycznego jako przykład tego zasadniczego sposobu, którym dzieło artystyczne odkrywa prawdę ukrytą w rzeczach, objawiając w ten sposób samą egzystencję.

Przykład van Gogha jest rzeczywiście niezwykły ze względu na zderzenie się intensywności pragnienia objęcia całego świata z bezwzględnością losu, który te dążenia bezlitośnie kruszył. Była to wyjątkowa, wynikająca z geniuszu, zawziętości i porywczego charakteru, prowadzona do ostatniego tchu walka o własny ideał sztuki, która nie powinna się jednak kończyć sekciarstwem, co często van Gogh zarzucał swoim przyjaciołom-malarzom. Jego oceny wielu akademickich, oficjalnych twórców, jak na przykład Meissoniera, są często zaskakujące w swym usiłowaniu wykazania ich walorów i umiejętności. Sam swoje osiągnięcia oceniał bardzo wstrzemięźliwie i skromnie, dając pierwszeństwo Monticellemu i Gauguinowi. Nie wydaje się, żeby te fragmenty z listów do teoretyków, takich jak Aurier, który w styczniu 1890 roku

115. Karel Špillar
W kawiarni, 1904

116. Beneš Knüpfer
Spotkanie na przystanku tramwajowym,
1890—1900

napisał o artyście pierwszy znaczący artykuł do ,,Mercure de France", lub Holender Isaacson, były jakąś pozą.

Jednocześnie van Gogh obstawał przy indywidualności swojej sztuki. W swoim ostatnim liście do Émila Bernarda odrzuca tak zwaną ,,abstrakcję" i stawia sobie za zadanie ,,ponownie zanurzyć się w rzeczywistości, bez wstępnego planu i paryskich recept". Uważa, iż w dwóch dziełach z Saint-Rémy — *Park sanatorium* i *Wschód słońca nad łanem młodego zboża* — urzeczywistnił swoje znacznie wcześniejsze hasło programowe ,,w kolorze szukajmy życia". Właśnie poprzez kolor osiągnął tu różnorodność nastrojów: pierwszy obraz wywołuje ,,uczucie niepokoju", drugi ,,ciszę i głęboki spokój". Kolorystyczne wyrażanie takich uczuć uważał van Gogh za adekwatne do potrzeb nowoczesnego człowieka. Dlatego ciągle atakował ,,diabelski problem żółci", w której według niego koncentruje się siła koloru.

,,Zmagania z przyrodą" van Gogha realizowane za pośrednictwem czystych kolorów, nie łamanych świetlnym walorem, kształtowały specyficzny typ artystycznego symbolizmu, który wprawdzie nie wyrzekał się całkowicie konwencjonalnych znaczeń (i dla niego kwiat był ,,wyrazem wdzięczności"), ale główne znaczenie przywiązywał do bezpośredniości i autentycznego przeżywania rzeczywistości. W istocie była to metoda niezwykle trudna, szczególnie jeśli idzie o psychiczne obciążenie tworzącego artysty. Jej wynik okazał się stylową indywidualnością — obrazy van Gogha z dojrzałego okresu twórczości poznajemy w galerii już z daleka. Niekiedy malarstwo van Gogha dochodziło do ,,abstrakcji", ale ta zawsze była dopiero wynikiem wciąż od nowa podejmowanego spotkania z niezwykłym motywem. W wyszukiwaniu jego nawiązywał artysta do praktyki impresjonistów, jednak jego podejście do tego problemu było inne. Od samego początku dystansował się w tym od naturalizmu. W jednym liście z roku 1883 stawia Zoli, jako głównemu reprezentantowi tego kierunku, retoryczne pytanie: ,,Powiedzcie mi, czy jest możliwe, aby naprawdę nie było różnicy między glinianą misą z dorszem a postacią kopacza lub siewcy?"

Nie stało to w sprzeczności z dużo później napisanym wyznaniem, że gdy staje w obliczu przyrody opanowuje go niekiedy tak silne wzruszenie, przechodzące aż w stan omdlenia, w wyniku czego zdarza się potem, iż przez dwa tygodnie nie jest zdolny do pracy. Psychoanalityk zapewne by wykazał powiązanie między tak emocjonalnym stosunkiem do przyrody a problematyką erotycznej sfery osobowości van Gogha, która nie mogła się spełnić w naturalnym związku z kobietą. Choroba artysty, mająca głównie podłoże psychiczne, nadała potem tej emocjonalnej inspiracji nadzwyczajną aureolę męczeństwa, aczkolwiek jego dzieła powstawały tylko w okresach między atakami choroby.

Gwałtowna zmienność nasilania się choroby i względnej poprawy zdrowia była jednak z zewnątrz odbierana jako szczególnie wyraźny powód wyobrażania sobie artysty jako osobowości wyjątkowej, nie podporządkowanej po-

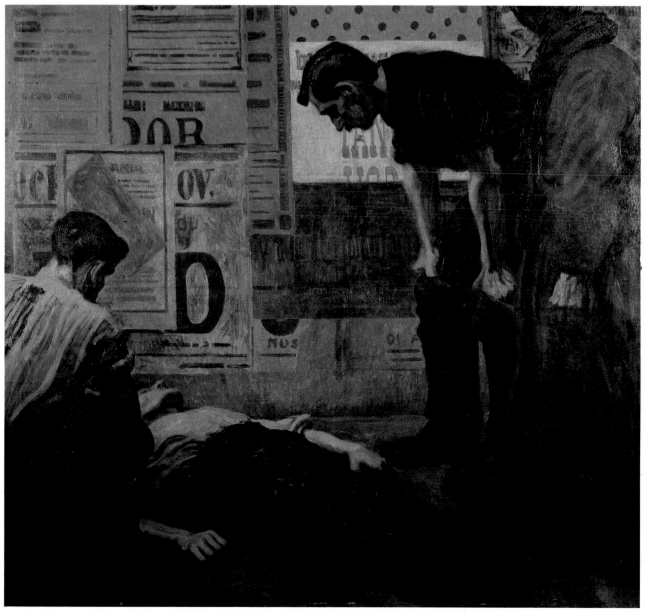

117. Karel Myslbek
*Wypadek na
budowie*, 1909

wszechnie obowiązującym normom moralnym. Tego wyobrażenia o artystach nie przyniósł dopiero literacki romantyzm, który zapożyczył od Kanta definicję geniuszu jako nieświadomej psychicznej zdolności, za pomocą której natura określa prawidła sztuki. Już w dobie renesansu — kiedy artyści zainteresowani wspinaniem się po szczeblach drabiny społecznych wartości, swego astrologicznego patrona, Merkurego, zmienili na Saturna — w osobliwościach postępowania Michała Anioła w późniejszym okresie upatrywać można połączenia umysłowości genialnego twórcy ze stanami maniakalnego szaleństwa i uniesienia.

W wieku XIX odrodziła się ta patetyczna tradycja, uporządkowana przez oficjalny klasycyzm i środki romantycznego wizjonerstwa. ,,Przeklęci poeci" późnego romantyzmu, jak Charles Baudelaire, mogli być w tym względzie podejrzewani jeszcze o dandyzm i mistyfikację. Chociaż i tam problem był głębszy, chodziło bowiem o zasadę twórczości, wynikającą nie tylko z artystycznej indywidualności pogardzającej banałem i powszedniością ,,demokratycznego" społeczeństwa, ale także z podstawowego przewartościowania socjalnej rzeczywistości. W tym nowym społeczeństwie twórca przeważnie utracił już swych tradycyjnych mecena-

sów i z trudem dostawał się na rynek pracy, walcząc jednocześnie o zdobycie uznania dla swojej twórczości.

Tradycyjny całokształt uwarunkowań został zagubiony także w sferze artystycznego geniuszu i musiał być poszukiwany od nowa. W tych warunkach okazał swą przydatność nowy sposób patrzenia na ludzi współczesnych, dostrzeganie zamienności jednostki i jej maski, co obserwowaliśmy już w twórczości Lautreca. W tej sytuacji niewątpliwie wzrosło znaczenie maski, która zaczęła odgrywać rolę fatalistyczną. Ten sposób widzenia umożliwił następnie jeszcze bardziej skuteczny kult artystycznych osobowości.

Kiedy teoretyk Julius Meier-Graefe dla zamknięcia tego heroicznego okresu początków nowoczesnej sztuki szukał jakiejś postaci, która jako symbol skupiłaby dynamikę nowoczesnej artystycznej osobowości i wyraziła jej dziejowy patos, wybrał właśnie Vincenta van Gogha, aczkolwiek jako malarza nie cenił go zbyt wysoko. W swojej książce o van Goghu[32], która stała się punktem wyjścia wielu dalszych, cieszących się jeszcze większym powodzeniem, powieściowych i filmowych monografii artysty, położył nacisk na osobisty dramat tragicznej walki ducha o nową sztukę, o zlikwidowanie przedziału między artystą a resztą społeczeństwa. Legenda o nowoczesnym malarzu zyskała w ten sposób wspaniałe kontury, gdyż ceną jej było samopoświęcenie. Vincent van Gogh został uznany za męczennika nowoczesnego

humanizmu kulturalnego. Szczególną okolicznością tej kanonizacji jest fakt, że nie znamy żadnej fotografii van Gogha — twarz artysty przekazały nam tylko jego własne ekspresyjne autoportrety. Na jednym z nich — *Studium przy świeczce* z września 1898 roku — na niedomalowanej części obrazu artysta narysował japońską maskę z jakiegoś drzeworytu.

Rola maski na przełomie stuleci nie była zresztą jednoznaczna. Maska była ulubionym motywem zdobniczym secesyjnej sztukaterii architektonicznej, wyobrażeniem o cechach naturalistycznych, zastępującym dotychczasowe neorenesansowe idealistyczne lub realistyczne motywy. Te maski, o specyficznie somnambulicznym wyrazie, produkowane w dużych seriach podług szablonu i powtarzające się jako węzłowe punkty całego wystroju fasad, wy-

znaczały samoistny rytm architektonicznej dekoracji. Maski stały się jednym z najbardziej rozpowszechnionych symptomów kultury secesyjnej, popularyzacją wyobrażeń i modeli, które pierwotnie powstawały w ekskluzywnej i wyjątkowej atmosferze pracowni malarzy-symbolistów. Ci ostatni, mimo iż w większości programowo stronili od tłumnego życia i z upodobaniem podkreślali swój estetyczny idealizm i ezoteryczność, stworzyli dzieła, które w rezultacie namiętnie opanowały zbiorową wyobraźnię. W ten sposób praktycznie sprawdziła się wielka siła maski, którą chwalił również Oscar Wilde pisząc, w jednym ze swych znakomitych esejów, że maska zawsze powie więcej niż niejedna twarz.

Motyw maski dużym zainteresowaniem darzyli malarze belgijscy. Fernand Khnopff, jeden z najbardziej

118. Tavík Frantíšek Šimon *Na wietrze nad morzem*, 1907

charakterystycznych przedstawicieli symbolistycznego idealizmu lat dziewięćdziesiątych, podczas długiego pobytu w Anglii zetknął się blisko z twórczością prerafaelitów, z których największy wpływ wywarł na niego Edward Burne-Jones. Wielkie międzynarodowe sukcesy osiągnął dopiero w Wiedniu, gdzie w ostatnich latach XIX wieku, szczególnie poprzez swą wystawę w roku 1898 w stowarzyszeniu Secesja i czasopismo „Ver Sacrum", wywarł wyraźny wpływ na początki twórczości austriackich i czeskich plastyków. W malarstwie Khnopffa właściwie cały tematyczny repertuar koncentrował się wokół problemu maski. Często w jego obrazach pojawia się gipsowy odlew antycznej głowy boga snu Hypnosa, który był dla artysty symbolicznym modelem. W alegoriach Khnopffa, które szczegółowo przygotowywał fotograficznie, a w końcu i w jego portretach, wszędzie dają się zauważyć te idealne, a przy tym z wyczuciem modelowane antyczne maski[33]. W zamkniętej doskonałości ich form objawia się pragnienie oderwania się od ruchu codziennego świata i milczącej koncentracji pogrążenia się w delikatnej materii poetycznych marzeń. Maski twarzy w tym iluzyjnym, łagodnym typie działają jako punkty koncentracji wyobraźni, dla której niewątpliwie ważnym źródłem inspiracji było cieszące się w tym okresie dużym zainteresowaniem studiowanie stanów hipnotyczno-psychicznych. Mesmeryzm — odrodzony w latach osiemdziesiątych przez działalność psychiatry Charcota, stosującego hipnozę przy leczeniu histerii — przez symbolistów uważany był za drogę prowadzącą do poznania tajemnic artystycznego wyrazu. Podobnie jak inni spirytualiści i spirytyści, także Mucha oparł zagadkowość swego kobiecego typu na tych zainteresowaniach i niewątpliwie był jednym z głównych pośredników rozpowszechniania ich w masowej produkcji artystycznej tego okresu.

Khnopff był przedstawicielem pewnego ideowego zwrotu, w którym znaczna część młodszych twórców reagowała na wcześniejszy program naturalistyczny w sposób, który można określić jako działanie „na wspak" — jak zresztą brzmi tytuł powieści Jorisa Karla Huysmansa, znanego ówczesnego krytyka sztuki. Ci młodzi artyści — głównie poeci, literaci i dramaturdzy — zaniechali studiowania zewnętrznych objawów społecznej rzeczywistości kierując swe zainteresowania na sprawy złożoności duszy współczesnego człowieka. W roku 1886 ogłosili oni manifest, który temu ruchowi, dominującemu aż do końca lat dziewięćdziesiątych, dał nazwę symbolizmu. Podstawą filozoficzną manifestu był walczący neoplatonizm, który dążył do zobrazowania pierwotnych idei, będących transcendentną, tajemniczą, i prawie nieuchwytną istotą świata zmysłowego. W tym kontekście ożyły hasła późnego romantyzmu tworzenia „sztuki dla sztuki". Gustave Moreau został uznany klasykiem tej szkoły, ale nowe pojęcie tych idei wykraczało poza jego marzycielską poezję. Joséphin Péladan, założyciel ruchu różokrzyżowców, będącego ekstremalnym ośrodkiem tych tendencji, w regulaminach wystaw sztuki (Salon de la Rose Croix) zamieścił następujący fragment: „Różokrzyżowcy chcieli unicestwić Realizm. Odrzucali wszystkie sceny o tematyce militarnej, patriotycznej, anegdotycznej, orientalnej, wiejskiej i sportowej. Zakon zachęcał do podejmowania tematów związanych z dogmatami katolickimi, interpretacji teogonii, dekoracyjnych alegorii i uwznioślonego aktu"[34].

W rzeczywistości jednak od naturalizmu nie można było tak całkowicie odejść, szczególnie w sztukach plastycznych. I chociaż zmieniały się tematy, została jeszcze niezawodna podstawowa technika ich przedstawiania, znajdująca się pod silnym wpływem fotografii, często w końcu preferowanej, gdyż swą pozorną wyrazistą neutralnością wychodziła naprzeciw skłonności do ilustracyjnej formy tego malarstwa. Jedna z najlepszych prac Khnopffa, pastel w dużym formacie, Wspomnienia, powstała w istocie przez odrysowanie pojedynczych fotografii jego pozującej siostry, zaś założenie niezapomnianego efektu — dziwny zastęp niewiast, z których każda jest całkowicie pogrążona i zamknięta w sobie — ma oczywiste podłoże naturalistyczne. Właśnie z powodu tego szczególnego zatrzymania czasu we

119. Henri de Toulouse-Lautrec *Dwie kobiety tańczące walca (W Moulin Rouge),* 1892

Wspomnieniach maska okazała się później Khnopffowi przydatna jako symbol uogólniający.

Motyw maski posłużył Khnopffowi do wydzielenia z normalnej wizualnej codzienności szczególnych momentów utrwalanych jako wspomnienia i w ten sposób udało się artyście jakieś zatrzymanie czasu, jego zapadanie się samo w sobie. Ale na tym nie wyczerpują się możliwości wykorzystania maski jako środka wyrazu. Maska dominuje również w twórczości innego Belga, Jamesa Ensora, i na pierwszy rzut oka przybiera tam inny charakter. Ensor także zaczynał jako naturalista, malarz martwej natury i portretów, z czasem za statycznym wizerunkiem przedmiotu zaczął dostrzegać inne treści. Już w latach osiemdziesiątych malował autoportrety, w których pojawiały się wokół niego groteskowe, demoniczne maski. W przeciwieństwie do Khnopffa — arystokratycznego, wstrzemięźliwego rysownika — Ensor, urodzony malarz, gwałtowny i spontanicznie naiwny, wulkanicznie wybuchał barwami. Maski u Ensora tworzą scenerię budzącego grozę karnawału, atakują siebie nawzajem i głównie widza, biorą udział w ludowych uroczystościach, zapełniają olbrzymi obraz *Wjazd Chrystusa do Brukseli*, zalewają świat zmieniając go w jarmark zwycięskiej histerii.

Maska jest u Khnopffa i Ensora wspólnym mianownikiem różnych postaw wobec świata i osobistych predyspozycji. W nowej sztuce maska stała się jednym z ważnych motywów, symbolem niepokoju egzystencjalnego, który udało się tak jednoznacznie wyrazić van Goghowi. Symbolizm umożliwiał na większą skalę kontynuację w sztuce tradycyjnej symbolistyki z jej alegoriami, wśród których dokonywał wyboru według swoich potrzeb i zainteresowań, i które przetwarzał.

W mentalności twórcy z końca stulecia zakodowane było poczucie życiowej determinacji. W przeciwieństwie do pozytywistycznego, „naukowego" rozumienia bezpośredniej zależności przyczyny i skutku, które dominowało w historyzmie, cała wyobraźnia koncentrowała się teraz na samym sednie problemu, widząc go skrajnie pesymistycznie. Taki charakter ma grafika Maxa Klingera z jego „filozoficznego" cyklu *O śmierci II*, nawiązująca do pierwszego cyklu, ilustrującego przeświadczenie, że śmierć może zasko-

120. Henri de Toulouse-Lautrec
Mlle Cha-U-Kao, 1896

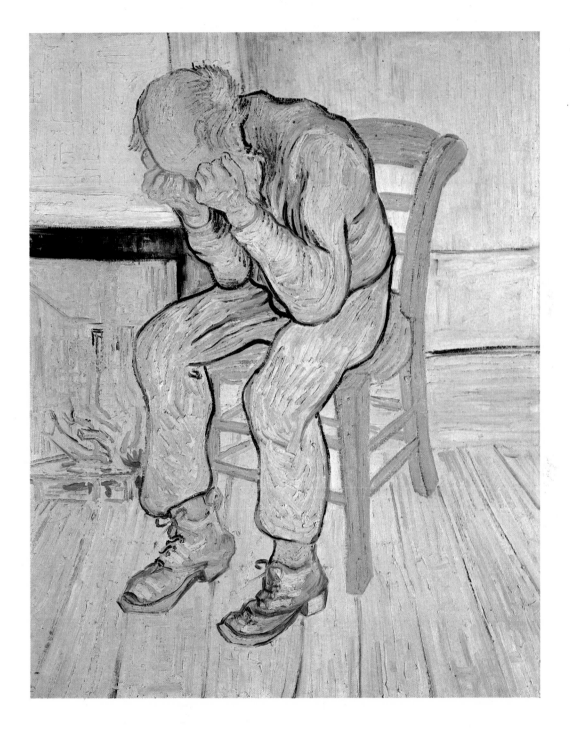

121. Vincent van Gogh *U progu wieczności*,
1890

czyć człowieka w nieoczekiwanej chwili. Klinger ukazuje nagiego człowieka z wyciągniętymi ramionami nieświadomie kroczącego ku przepaści, którego bez współczucia obserwuje Los, przedstawiony pod postacią olbrzyma tronującego na szczycie świata.

Przeczuwanie dramatu i katastrofy w ludzkim losie zabiegającym o zmysłową rozkosz wywodziło się w dużym stopniu jeszcze z założeń wcześniejszego malarstwa idealistycznego i przez nie usiłowało zyskać filozoficzną i ideologiczną orientację. Jego punktem wyjścia było malarstwo religijne wypowiadające się w obrazowych alegoriach. Ponieważ jednak w malarstwie tym nie chodziło tylko o wyrażanie konwencjonalnych wyobrażeń i dostarczanie obiektów praktyk religijnych, ale o ambitne dążenie do wypowiadania się w podstawowych sprawach metafizyki z punktu widzenia nowoczesnego indywidualisty, pojawił się w tej dziedzinie dość kuriozalny repertuar, mieszający razem najróżniejsze symbole.

Próbką tego symbolistycznego synkretyzmu jest rysunek Františka Kupki, zatytułowany, wraz z własnym wierszem artysty, *Zagadka życia*. Cała kompozycja powstała w Wiedniu w latach poprzedzających zorganizowane wystąpienie secesyjnej grupy Klimta. Na pomnikowym cokole Kupka umieścił dwie nagie postaci alegoryczne. Jedna z nich trzyma czaszkę otoczoną wawrzynowym wieńcem i przez słomkę wydmuchuje wielką mydlaną bańkę. Druga, jakby większa dzięki ujęciu frontalnemu, opiera się o grube foliały starych książek i trzyma kij, na którym zawieszone są dwie maski, chyba kobiety i mężczyzny. W tle widać sfinksa z hieroglificznymi napisami, wokół którego niby nimb obraca się krąg nagich postaci unoszonych nieznaną siłą.

Rysunek Kupki nie wynika z jakiegoś bezpośredniego przeżycia, jest czystą alegorią, zachęcającą do ikonologicznego rozwiązania znaczeń. Pojedyncze symbole rysunku są pod tym względem łatwo czytelne: czaszka uwieńczona wawrzynem i mydlana bańka nawiązują do dawnego przedstawiania świata jako kryształowej kuli [35]. Dobry przykład takiej symboliki widzimy w słynnym tryptyku Hieronima Boscha w galerii malarstwa wiedeńskiej Akademie der Bildenden Künste. W zasadzie wymienione przedmioty są atrybutami znikomości, przemijania świata i ludzkiej sławy. Bardziej skomplikowana jest interpretacja drugiej postaci, która może być uważana za Minerwę z maskami wiedzy i mądrości, ale jej frontalne ujęcie podsuwa również temat głowy Meduzy[36] — motyw związany z hipnozą, zaś długie włosy i większa zmysłowość postaci przybliżają ją raczej znaczeniowo do wyobrażenia „femme fatale", która tak pociągała wyobraźnię u schyłku stulecia. Egipski sfinks jest wyraźnym nawiązaniem do prawdy starej ezoterycznej mądrości, której symbolami — już od czasów renesansowego neoplatonizmu — były tajemnicze hieroglify. Bardziej współczesnym elementem jest tu krąg życia, obracający się wokół nieruchomego środka, który stanowi sfinks. Ten krąg życia jeszcze raz podkreśla, że temat znikomości ma odniesienie do całej ludzkości.

Według tego rysunku Kupka namalował duży obraz *Quam ad causam sumus*, który wystawił na jubileuszowej wystawie wiedeńskiego Künstlervereinu. Obraz ten zaginął bez wieści. Chociaż nie znalazł on wtedy pełnego uznania, nie może być wątpliwości co do tego, że przynajmniej jego symbolika wywarła wpływ na ówczesną młodą generację. Wynika to z porównania z obrazem Gustava Klimta *Filozofia*, którym artysta w kilka lat później zburzył spokój wiedeńskiego życia kulturalnego i jako pierwszy rozsławił wiedeńską secesję za granicą, otrzymując za ten obraz specjalną nagrodę na Wystawie Światowej w Paryżu. *Sfinks* Klimta i unoszący się we wszechświecie tłum somnabulicznych postaci były malowane bardziej atrakcyjnie. U Klimta całość kompozycji łączyła się w sugestywną, marzycielską wizję, wykorzystującą dla osiągnięcia efektu, zarówno linearne i ornamentalne, jak i malarskie środki, jakimi dysponowała nowa sztuka.

O popularności w ówczesnej symbolice użytych przez Kupkę alegorycznych atrybutów świadczy także wykonany przez jego rodaka, czeskiego rzeźbiarza i grafika, Františka Bílka, rysunek do dekoracyjnego reliefu nazwany *Jak nam czas rzeźbi zmarszczki*. Potężny egipski sfinks, symbol wiecznej, chociaż skrytej mądrości oraz nagie postaci ludzkie niesione wodną lub świetlną falą, złożyły się na jedno z podstawowych wyobrażeń, rozumianych jako obrazowe wyrażenie głównego tematu — zagadki życia.

Podniesienie problemu sensu życia było niemal logicznym następstwem w sztuce, która dzięki naturalizmowi i impresjonizmowi poznała niezwykły zasięg i różnorodność zjawisk życia. W bogatej mozaice wzrokowego postrzegania przeważała tendencja wczuwania się, prowadząca aż do programowego połączenia człowieka z przyrodą i jej stanami, co najlepiej demonstrował rozwój malarstwa pejzażowego. Takie polowanie na piękne chwile i malownicze doznania wywoływało jednak w duchach bardziej spekulatywnie usposobionych wielkie napięcie między odczuciem pełnej ostateczności poszczególnych sytuacji a nieuchwytną nieskończonością ich jako całości. W tej nieustającej plątaninie szczegółów i uogólnień, wyrażonej tak dobrze nieskończonością secesyjnej linii ornamentu, poszukiwano jakiegoś punktu oparcia, umożliwiającego zrozumienie i artystyczne wydobycie odkrytych bogactw natury.

Ta potrzeba potęgowała się jeszcze w odniesieniu do człowieka. Ruch artystyczny sprzeciwiał się jednostronnemu scjentyzmowi, który wszystkie problemy chciał rozwiązywać czysto rozumowo. Wszak i tutaj istniała potrzeba opanowania nieustannie mieniącego się zwierciadła treści znaczeniowych, a to choćby już z punktu widzenia elementarnych wymagań artystycznego wyrazu. Sztuka w usiłowaniu opanowania zjawisk życia była bardziej niecierpliwa niż wiedza i tam, gdzie wiedza w pozornym działaniu ugrzęzła w nie kończących się próbach laboratoryjnych i dochodzeniach, twórca zaczynał szukać oparcia w innych dziedzinach „wiedzy", niewykluczających udziału swobodnej fantazji i spekulacji. Spirytyzm, który z końcem stulecia osiągnął ogromną popularność, zdawał się wykazywać, że można pokonać granicę fizycznej śmierci i nawiązać łączność z zaświatem, z tym, co jest dla normalnego oka niewidzialne. Kupka sam działał jako medium spirytystyczne, czym nie tylko zarabiał na życie, ale realizował swe usiłowania przeniknięcia „pod powierzchnię" życia. Spirytyzm był wszak tylko jednym ze składników wielce osobliwego konglomeratu światopoglądowego, który szczególnie w latach dziewięćdziesiątych nowocześni artyści tworzyli na podstawie

122. Max Klinger
*Los (,,Integer
vitae . . .")*,
1885—1900

najróżniejszych źródeł. Niebawem za-
poznali się z jeszcze bardziej pociąga-
jącymi naukami religijnymi, z których
zwłaszcza propagowane przez panią
Bławatską Towarzystwo Teozoficzne,
w przeciwieństwie do spirytystycznego
dualizmu ciągle rozdzielającego świat
na królestwo żywych i umarłych, propa-
gowało wizję nowej duchowej jedności.
Nauka ta została potem jeszcze zaktua-
lizowana przez Rudolfa Steinera w jego
antropozofii, doktrynie czerpiącej także
ze spuścizny Goethego. W krajach
francuskich symbolistów wielki rozgłos
uzyskała książka Edouarda Schuré
Wielcy wtajemniczeni, po raz pierwszy
wydana w 1889 roku. W książce tej
autor popularyzował dawniejszą ideę,
głoszącą, że wszystkie religie i sekty
mistyczne miały wspólne źródło
w podstawowej tajnej nauce, strzeżonej
już przez egipskich i babilońskich kap-
łanów. Według niego ta ezoteryczna
nauka była zwiastowana przez takich
wtajemniczonych, jak Orfeusz, Pitago-
ras, Platon, Mojżesz, Chrystus i innych
proroków i mistyków, z których każdy
odkrył w podobieństwach i symbolach
tylko pewną jej część. Wizjonerzy Swe-
denborg i William Blake zadeklarowali
się jako ich nowocześniejsze ucieleśnienie. Ten ezoteryzm, łączący się
z kultem orientalnej i indyjskiej mądrości w ruchu katolickiego moderniz-
mu, który swą dążnością do naśladowania Chrystusa i przeciwstawianiem
się skostniałemu kościelnemu dogma-
tyzmowi trafiał właśnie do tych najbardziej zbuntowanych i najbardziej wra-
żliwych spośród młodych twórców.
W ich umysłach, obok różnorodnego
zbioru religijnych wyobrażeń i nauk,
znajdowały miejsce najróżniejsze prawidła i poglądy zaczerpnięte z popularyzacji ówczesnej biologii i fizjologii,
przejawiające się głównie w żądaniu
nowoczesnej higieny życia i przestrze-
ganiu wegetariańskiej ascezy.

Tę różnorodną i często niejasną
sytuację światopoglądową, komplikowa-
ło jeszcze zjawisko tak zwanego
dekadentyzmu, który angielskiemu
estetyzmowi przydał charakterystycznych francuskich cech. Dekadentyzm
powstał w tej szczególnej sytuacji społecznej, jaka zaistniała po Komunie
Paryskiej i wojnie prusko-francuskiej.
Szczególne odczucia niepewności
i grożącej katastrofy, w osobliwy sposób wzmagane ówczesną wykładnią
drugiej zasady termodynamiki, rozu-

123. Fernand Khnopff *Tajemnica*, 1902

124. James Ensor *Maski*, 1889

A já se ptám, proč tento všechen
boj, proč radost, láska i žal
proč vůbec tento život náš?

Kupka

126. František Bílek *Jak nam czas rzeźbi zmarszczki*, 1902

127. Gustav Klimt
Filozofia, 1900

128. Odilon Redon
Szaleństwo, 1882

miane jako jakiś drugi biblijny potop nieodwołalnie grożący unicestwieniem świata, mogły być w różny sposób interpretowane artystycznie. Tyle razy dyskutowane pojęcie dekadencji, spopularyzowane około 1890 roku głównie przez literaturę, obejmowało zarówno arystokratyczny sprzeciw w stosunku do wulgarnego demokratyzmu i domaganie się nowej duchowej elity, jak i szyderstwo z wszelkich moralnych dogmatów i tabu mieszczańskiego społeczeństwa, szczególnie w sferze obyczajowości. Igranie z wizjami przyrównującymi współczesną kulturę francuską do wyrafinowanego późnego Rzymu, fatalistycznie oczekującego pustoszącego wtargnięcia barbarzyńców, nie było dalekie od natrętnego iluzjonizmu modnej „szkoły archeologicznej" w malarstwie akademickim i od mentalności późnego historyzmu, którego fetyszyzm, przeniesiony do nowych modnych wyobrażeń i wytwo-

rów, umożliwiał okazywanie ostentacyjnej pogardy dla wszystkiego, co przyrodzone i naturalne. Sławny fragment z *Na wspak* Huysmansa, gdzie jego smutny bohater des Esseintes mówi, że natura już nie ma nic do zaoferowania, gdyż obmierzłym ujednoliceniem swych krajobrazów wyczerpała cierpliwość wyrafinowanych i proponuje zastąpienie księżycowego blasku elektrycznym oświetleniem, wodospadów — kanalizacją, a skał i kwiatów kaszerowanym papierem, był dekadencką pozą. Paradoksalnie jednak przypomina różne supercywilizacyjne programy awangardy po pierwszej wojnie światowej, które nie miały przecież nic wspólnego z dekadentyzmem.

Dekadentyzm nie był jednak wyłącznie modą. U jego podstaw tkwiła problematyka nowoczesnego indywidualizmu, domagająca się swych praw w sytuacji, gdy naturalizm stał się iluzjonistycznym zwrotem słownym

przejętym przez oficjalną „demokratyczną" kulturę. Przeciwwagę tego zwycięstwa mogła stanowić jedynie siła indywidualnej fantazji odwołującej się do odwrotnej strony dnia powszedniego, do snu.

W tym sensie opowiedział się za dekadentyzmem jeden z najwybitniejszych twórców francuskich końca stulecia, Odilon Redon. W notatkach, zatytułowanych *A soi-même,* uchwycił sedno swej sztuki.

„Sztuka subiektywna to jakby promieniowanie rzeczy w kierunku marzenia sennego, do którego zdąża również myśl. Może to i dekadencja, ale tak po prostu jest. Powiedzmy raczej, że to wzrost, ewolucja sztuki do najwyższego poziomu naszego własnego życia, jej ekspansja, jej najwyższy punkt oparcia. Sens tajemnicy polega na ustawicznym trwaniu w niepewności, w podwójnym, potrójnym albo w pozornym wyglądzie, w formach, które nim mają się stać, lub

129. Odilon Redon
*Maska bijąca
w dzwon
pogrzebowy*, 1882

130. Odilon Redon
*Oko jako osobliwy
balon zmierza ku
nieskończoności*,
1882

Imp. Lemercier & Cie n de Seine 57.

nim będą w zależności od nastroju patrzącego. Każda rzecz staje się bardziej sugestywna, skoro się pojawi"[37].

Także w swoich *Noirs,* aksamitnoczarnych litografiach, Redon wypowiadał się w sposób, który na pierwszy rzut oka wydawał się bardzo osobisty, subiektywny, niemal nieprzystępny. Jego fantastyka była jednak zwiastunem szeregu istotnych tematów nowej sztuki. Wymagała przy tym prawdziwej aktywności widza, jego gotowości odstąpienia od normalnych żądań i ochoty włączenia się do gry poetyckiej wyobraźni Redona. I tutaj, jak u van Gogha, wstęp w obszary nadzwyczajnej artystycznej metafory był połączony ze stanem pewnego odejścia od normy, szaleństwem, co w wizjonerski sposób ukazuje jedna z grafik albumu Redona, powstałego na początku lat osiemdziesiątych na cześć Edgara Allana Poë. Znaczeniowa analogia z rozpowszechnionymi wówczas i respektowanymi poglądami lekarza Cesara Lombroso, zwracającego uwagę na punkty styczne między artystyczną genialnością i zboczeniami wielkich przestępców, ma tu tylko częściowe zastosowanie, chociaż krytycy dekadentyzmu — jakimi byli Max Nordau w Niemczech czy przyjaciel impresjonistów, Octave Mirbeau, we Francji — chętnie to wykorzystywali. Redon, w odróżnieniu od van Gogha, który tak usilnie zmagał się z wizualną rzeczywistością, zamienia oko w fantastyczny balon, wznoszący się w przestworza i zmierzający ku nieskończoności. Podobną tendencję wyraził również w swoim obrazie olejnym *Zamknięte oczy* z roku 1890, w którym świadomie nawiązał do tematu Michała Anioła — *Umierający niewolnik* z Luwru, który tak omotał Rodina w *Wieku spiżu* i miał się stać jednym z głównych symboli intuicyjnego skupienia artysty i jego kontemplacji wewnętrznej tajemnicy świata. Redona nie interesuje zewnętrzna strona przyrody, lecz jej wnętrze. Swymi grafikami przenika do niezmierzonego i nieskończonego imaginacyjnego wszechświata, w którego czarnych głębiach jawią się kuliste obiekty, głowy i oczy, zaznaczające tajemniczą wymianę i łączność energii naturalnych i psychicznych. I tutaj wyczuwalny jest często niepokój, narastający aż do odczucia strachu. Smutna korona *Bagiennego kwiatu* jaśnieje nad niegościnnym moczarem. Groteskowa maska, coś pomiędzy robotem a kościotru-

131. Odilon Redon *Klątwa,* 1894

132. Jean Véber
*Bajkowy motyw
(Domy mają oczy)*,
przed 1900

pem, pociąga za sygnaturkę. Mimo to światło rodzące się z ciemności wprowadza element pozytywnej symboliki.

Redon jednak nie chciał rysować fikcji. Jego wypowiedzi nie są tylko alegoryczne. Podobnie jak Manet czy Monet, usiłował osiągnąć „niemożliwe", to znaczy przekroczyć granice malarstwa. Wszyscy w istocie przedstawiali coś więcej — impresjoniści zwielokrotnili barwne widzenie przyrody, Redon opanował, dotychczas tylko rzadko odwiedzany przez malarzy, obszar sennej imaginacji. Nowocześni artyści w swym dążeniu do połączenia sztuki z życiem w ten sposób starali się wypełnić wszystkie wymiary, aby życie mogło być przedstawione realnie i w całości. Monet i Redon nie byli pod tym względem przeciwnikami, lecz uzupełniającymi się partnerami. Tylko

dzięki ich specyficznej twórczości, w obu przypadkach osiągającej pewną granicę, mogła zostać wytyczona droga do nowej syntezy.

Żaden inny twórca z przełomu stulecia nie pogrążał się tak niewzruszenie i całkowicie w marzycielskiej imaginacji jak Redon, podobnie jak nikt inny nie osiągnął takich wyników w zakresie doświadczeń optyczno-wzrokowych jak Monet. Byli to dwaj twórcy prawdziwie subiektywni, ale za wytyczonymi przez nich słupami Herkulesa otworzył się nowy ocean sztuki.

Twórczość Redona pioniersko wyprzedza zainteresowanie naukowe psychologii dziedziną marzeń sennych. Sławna książka Sigismunda Freuda *O marzeniu sennym* została wydana dopiero w roku 1900, kiedy Redon miał już za sobą ćwierć wieku oryginalnej

twórczości. Genialne dzieło Freuda, otwierające nowe horyzonty nie tylko przed psychologią, ale i przed antropologią, było chronologicznie ukoronowaniem zainteresowania podświadomością człowieka, tak intensywnego w sztuce końca stulecia, chociaż punktem wyjścia dla Freuda był czysty praktycyzm. Spoiwem łączącym naukową analizę ze sztuką było tutaj samo życie.

Z drugiej strony intelektualne badania Freuda pozwalają zrozumieć pewną głębszą orientację pozornie dowolnych i anarchicznych dokonań artystycznych. Tam, gdzie wyzwanie do połączenia sztuki z życiem zostało przyjęte szczerze i dosłownie, ujawniło się wnet niespokojne pasmo nowych przeżyć, a przede wszystkim konfliktów i depresji. Programowe zderzenie z konwencją niosło ze sobą nie tylko odczucie

wolności, lecz także neurozę. Dopiero w tym radykalnym otwarciu sfery psychicznej, w której gwałtownie zderzał się naturalistyczny sens nieubłaganej prawdziwości z idealistycznymi chimerami, przejawiał się głęboki kryzys nowoczesnego ducha.

Pojęciem nieświadomości Freud określał pramaterię i rzeczywistą skarbnicę życia psychicznego, wywierającą bezpośredni wpływ także na sprawy fizyczne, który to temat ówczesna sztuka uprawiała różnymi sposobami i z rozmaitym powodzeniem. Także tutaj ponad ogólny poziom wybijały się pojedyncze dzieła artystyczne, poematy, powieści i dramaty, przypominające widoczne szczyty przysłowiowej góry lodowej. Pod powierzchnią wyrazistej formy i idei mieściła się wielka ilość energii instynktu, podporządkowanej wszystkim zagadkowym prawom represji i sublimacji. Artyści, podobnie jak Freud, uświadamiali sobie szcze-

gólne znaczenie erotyzmu w całej dynamice duchowych przeżyć i jego wewnętrzną spójność z problematyką artystycznego wyrazu.

Znaczna część tak zwanego dekadentyzmu była dlatego wyraźnie ukierunkowana na bezwzględne i prowokacyjne roztrząsanie problemów płci. Mistrzem tego skandalizującego rodzaju stał się belgijski. rysownik Félicien Rops podejmujący temat prostytucji, którą uważał za centralny nerw całego nowoczesnego życia i rdzeń jego chwiejnej i obłudnej konstrukcji. Rops rysował prostytutkę jako agentkę śmierci i diabła, nie unikał nawet persyflażu chrześcijańskich wyobrażeń. Biblijny motyw Chrystusa i Marii Magdaleny był pretekstem do ukazania perwersyjnych stron zestawienia lubieżnej cielesności z iluzorycznym uduchowieniem. Pornograficznie widzianych bohaterów swoich rysunków Rops zawsze ukazuje na jakiejś

widowni, przypominającej miejsca ludowych rozrywek czy wnętrza ówczesnych kabaretów. Rops używa także często maski jako symbolicznego atrybutu, jednak w przeciwieństwie do Khnopffa tylko w pospolitym i wulgarnym sensie, jako pochlebiającego pozoru ukrywającego istotę upadłą.

Dama z prosięciem, w której Rops połączył akt upadłej dziewczyny prowadzącej prosię jak pieska, z pogrążonymi w smutku alegoriami poszczególnych sztuk, jest atakiem na służebność sztuki wobec cynicznej moralności współczesnego społeczeństwa i podporządkowania jej powierzchownym gustom. Rops nawiązał w ten sposób do *Olimpii* Maneta, a zwłaszcza do jego *Nany*, która była trafnym malarskim odbiciem rzeczywistej obyczajowości tej doby. Jednocześnie, chociaż Rops jest bardziej napastliwy i bardziej satyryczny niż Manet, jego krytyka ma wydźwięk fatalistyczny — jest w niej

134. Félicien Rops
Pornokracja (Dama z prosięciem), 1896

wiele z przeświadczenia Baudelaire'a o zatrutych studniach nowoczesnej cywilizacji i w tym sensie jawi się on jako programowy dekadent.

Naturalizm, rozumiany jako prawdziwe studium stosunków społecznych, znalazł w postaci kobiety najbardziej naturalny symbol swoich poglądów. Sprawa kobieca, rozogniona problematyką i propagandą emancypacji, obok zarobkowego zatrudniania dzieci, była chyba najwdzięczniejszym tematem społecznej krytyki i protestu przeciw wyzyskowi. Symbol kobiety zawierał przy tym uczuciowy ładunek tego protestu i umożliwiał łączenie aspektów fizycznych i psychicznych. Dla plastyków ponadto studium modela było podstawowym elementem nauki malarstwa. We wszystkich szkołach i akademiach końca XIX wieku przede wszystkim się rysowało, malowało i modelowało akty z modela. Modelki łączyły oficjalne akademie z artystyczną bohemą i były rzeczywistym fermentem ówczesnego życia artystycznego. Biografie sławnych modeli i modelek łączą się ściśle z dziejami sztuki tej doby. W przedziale między korzystaniem z uznanych a odkrywaniem nowych modeli rozwijała się nie dająca się pominąć część praktycznej estetyki artystycznej.

W tych okolicznościach postać kobiety stała się najżywszym elementem ówczesnego systemu obrazowania, kluczem do ożywienia wielokrotnie już ogranych i powtarzanych pomysłów i tematów figuralnego malarstwa i rzeźby. Postać kobiety dawała możliwości rozwinięcia tematu tak w płaszczyźnie intymnego studium ciała i wyrażenia biologicznej żywotności, jak i w zupełnie przeciwstawnych dziedzinach zmiennych, ulotnych, uczuciowych i lirycznych doznań oraz duchowego zdematerializowania. W sztuce końca stulecia w pełni wykorzystano wszystkie te możliwości. Studium ciała myjącej się kobiety Lautreca jest tak samo artystycznie prawdziwe jak rysunek Preislera ukazujący poetycznie rozmarzoną dziewczęcą twarz.

W tej to polaryzacji czystego ucieleśnienia i czystego uduchowienia narzucał się potem artystycznej wyobraźni stan, który je wzajemnie w szczególny sposób łączył, i to nie tradycyjnym sposobem syntezy, lecz ich wzajemnego, nieregularnego przenikania. Dojrzewanie płciowe, stadium w którym dziecko przeobraża się w kobietę lub mężczyznę, było dla artystów przełomu stulecia jednym z najbardziej atrakcyjnych tematów i w pewnym tego słowa znaczeniu był to w ogóle punkt wyjścia do tworzenia przez nich podstawowych typów symbolicznych.

Przy przedstawianiu dojrzewających dziewcząt i chłopców naturalizm mógł się połączyć z nowym czynnikiem psychologicznym. Także niepokój wynikający z nieświadomości losu, dawał się tutaj wykorzystywać jako temat poetycki. Poruszona wyobraźnia mogła się dalej rozwijać w kierunku idealnych, marzycielsko-fantazyjnych personifikacji, jak w *Wiośnie* Preislera, gdzie dojrzewanie płciowe zostało połączone z pejzażem.

Jak w bajkach świat jest podzielony na dobre i złe moce, tak samo secesyjna fabuła, zmierzająca w malarstwie figuralnym do tworzenia swoich typów i zdarzeń, rozdzieliła psychologiczną problematykę dojrzewania płciowego na przeciwieństwa. Ta popularyzacja pozytywnych i negatywnych charakterów skrystalizowała się głównie w Anglii, gdzie już w drugiej połowie stulecia prerafaelici stworzyli szczególny mistyczny kult uduchowionej kobiety. Przypowieści o Rycerzach Okrągłego Stołu, królu Arturze i Św. Graalu, urok miłości Dantego do Beatrycze i inne przygody miłosne, uwiecznione w poezji, mitologii i w dramatach szekspirowskich, z których ulubioną postacią była Ofelia, działały inspirująco na współczesnych artystów. Tak bardzo poszukiwali oni idealnego typu kobiety, że go w końcu odnajdowali w żywych osobach: Dante Gabriel Rossetti, poeta i malarz, w swej przyjaciółce Elizabeth Siddal, zaś William Morris w swej małżonce. Ta pierwsza idealizacja w wielu punktach wywodziła się jeszcze z romantycznego wyobrażenia kobiety-dziecka, a jej cechami była niewinność i poetyczna kruchość. Kobieta jako ucieleśnienie duszy, ubrana w prostą, luźną szatę, z rozpuszczonymi długimi włosami i białą lilią w ręku, w obrazach Edwarda Burne-Jonesa upodobniła się

do anioła. Wpływ tego artysty dał się odczuć we Francji już w latach osiemdziesiątych. Wyobrażenie to oddziaływało na tyle silnie, że opanowało także damską modę. Zatopione w marzeniach secesyjne księżniczki, ozdobione tajemniczym uśmiechem Mony Lisy, miały swój początek w angielskiej nostalgii za pięknem.

Wszystkie te piękne bohaterki nie były jednak szczęśliwe. Były to raczej zaklęte księżniczki, prześladowane fatalnym losem, tak jak Siddal, przedwcześnie zgasła na gruźlicę. Ich prawdziwym ucieleśnieniem była Izolda, z tragicznym zakończeniem swej zakazanej miłości do Tristana. Właśnie motyw erotyczny znamionował jednak zwrot znaczeniowy w kierunku zła i prowadził do powstania idei negatywnego typu kobiety, który ostatecznie miał jeszcze większe powodzenie niż typ pozytywny. Słynna „femme fatale", fatalistyczna kobieta, objawiająca się jako siła losu niszczącego mężczyznę i zwiastująca przemożną siłę płci, stała się wręcz klejnotem dekadentów i idealistów lat dziewięćdziesiątych. Podstawy znaczenia tej postaci były jednak przygotowane już przez naturalizm i jego społeczną krytykę. Ten negatywny typ miał wiele wariantów, od *Belle dame sans merci* po prostytutkę *Lulu*, najtrafniej jednak został wyrażony przez Salome.

Postać tancerki biblijnej pojawiła się po raz pierwszy w *Herodiadzie (Trois Contes* Flauberta, 1877). Także we Francji w latach siedemdziesiątych Gustave Moreau podejmował kilkakrotnie motyw Salome, która swym tańcem oczarowuje Heroda, żądając w zamian ściętej głowy Jana Chrzciciela. Des Esseintes, bohater słynnej powieści Huysmansa *Na wspak* uważał obraz Moreau za wzór dekadenckiego smaku. Salome jest „bestią potworną, obojętną, nieodpowiedzialną, nieczułą, zatruwającą, podobnie jak antyczna Helena, wszystko cokolwiek zbliży się do niej, ujrzy ją, dotknie".* To narzędzie zła jest jednak także symbolem całkowicie wyzwolonego popędu, kwintesencją rozkoszy, a to, czym zniewala Salome, jej nieodparta cielesność, jest także siłą, która ją samą opanowuje. W napisanym w języku francuskim dramacie Oscara Wilde'a z genialnymi

135. Ludvík Kuba *Szkoła malarstwa*, 1900

J. K. Huysmans *Na wspak.* Przeł. J. Rogoziński. Warszawa 1976, s. 103

ilustracjami Aubreya Beardsleya osiągnęła swe szczyty koncepcja Salome jako postaci tragicznej. Istota zdarzenia staje się jej nieodwzajemniona miłość do Jana Chrzciciela, spełniająca się w morderstwie i perwersyjnym pocałunku ściętej głowy proroka.

Wydaje się, że ten podwójny wymiar Salome, jej miłość stłumiona wyższą mocą losu i instynktu przekraczająca wszystkie ludzkie granice, uczyniła z niej tak frapującą postać owych czasów. Wśród rozlicznych personifikacji zawarła ona w sobie ponadto problemy podświadomości, które pod postacią kobiety stały się w sztuce jej głównym symbolem. Salome z lat dziewięćdziesiątych nie jest już tylko postacią z legendy, lecz raczej symbolem podstawowych mechanizmów psychicznych. Uosabia kres secesyjnego biologizmu, maksimum wyzwolenia libido i równocześnie wyraża niebezpieczeństwo sprowadzenia miłości do zwierzęcego instynktu.

Typ ten oddziaływał tak silnie, że w najróżniejszych wariantach pojawiał się praktycznie we wszystkich rodzajach twórczości oraz wpływał też na inne podobne wyobrażenia, których treść miała pierwotnie zupełnie odwrotny sens. I tak na przykład Gustav Klimt przedstawił *Judytę z głową Holofernesa*, a więc symbol karzącej sprawiedliwości, jako heterę z przymkniętymi z rozkoszy oczyma. W obrazie tym stworzył niezapomnianą kombinację twarzy współczesnej kobiety z orientalnym, bizantyjskim przepychem przejrzystej szaty i złocistego tła. Symbole wegetacji pojawiające się tutaj w ornamentalnym rysunku, spirale na ramie i faliste linie oraz tarcze na szacie unaoczniają, że nie jest to zwyczajna kobieta, lecz przedstawicielka tych nadludzkich sił, które rządzą naturą i mają kosmiczny wymiar. Temat Salome został tutaj jeszcze dalej przesunięty w kierunku mitologizacji i stał się symbolem przebiegu i cyrkulacji erotycznej energii świata. Dlatego też głowa Holofernesa nie jest głową brutalnego wojownika. Jego spokojnie zamknięte oczy wyrażają kontemplację nad podporządkowaniem i włączeniem jednostki w bieg kosmicznego losu.

I chociaż szybko stała się Salome przedmiotem kawiarnianych plotek i karykaturą panseksualizmu, w sztukach plastycznych temat rozwijał się

136. Jan Preisler, rysunek do *Wiosny*, 1900

137. Henri de Toulouse-Lautrec *Myjąca się kobieta*, 1896

głównie w kierunku wyznaczonym przez Klimta. W późniejszych wersjach, jak na przykład w *Kleopatrze* czeskiego malarza Jana Zrzavý, zanika perwersyjny akcent, któremu tak hołdowali dekadenci końca XIX stulecia. Sama postać jest konsekwentnie pozbawiona aktualizującego naturalizmu w fizjonomii i przemienia się w ogólny symbol. Czerwień i giętkie kontury świadczą, iż artysta całkowicie akceptował pogląd uważający erosa za istotę świata. Także ukazane na obrazie piramidy, stylizowany kwiat i waza należą do ezoterycznych symboli z przełomu stulecia. Obraz Zrzavý dowodzi jednocześnie, jak dla nowoczesnej sztuki XX wieku pozostaje żywe spojrzenie secesji zafascynowanej uczuciowym i psychicznym połączeniem człowieka z naturą.

Symboliczna figuratywność końca stulecia wykształciła jednak swój pogląd na istotę życia przede wszystkim poprzez obserwację i uwypuklanie życiowych konfliktów. W tym sensie zwracał jej uwagę stosunek między jedną płcią a drugą — kobietą i mężczyzną.

Temat Salome dawał pewną przewagę kobiecie nad mężczyzną, co sztuka przełomu stulecia zaznaczała określoną konfiguracją symbolistyczną, korzystając z różnych środków wyrazu. Z roku 1897 pochodzi drzeworyt Edvarda Muncha *W mózgu mężczyzny*. Na pierwszy rzut oka przypomina pomysł na fragment dekoracyjny stiukowego wystroju secesyjnej architektury. Wynika to z jego ornamentalizującego charakteru, rozkładającego kształty w płaszczyznę i łączącego je typową krzywą siły. Akt kobiecy nad głową mężczyzny jest włączony do krzywych sił, które można dosłownie tłumaczyć jako rozwinięte zwoje mózgu mężczyzny i które mieszczą się w ogólnej koncepcji linii secesyjnej jako symbolu siły psychicznej — jak to określał van de Velde. Chodzi więc o kobietę, jak ją widzi mężczyzna w swoich wyobrażeniach.

Svenaeus[38] wyjaśniła znaczenie tego drzeworytu przez luźne powiązanie go z cytatem z pierwszego wydania *Wigilii* Stanisława Przybyszewskiego, z którym w latach dziewięćdziesiątych Munch był w ścisłych kontaktach i który miał znaczny wpływ na kształtowanie się jego poglądów: „Zanim cię zobaczyłem, leżałaś w niepokalanej czystości cnotliwie w mym mózgu, jako intuicyjnie nieskalana idea, ty święta panno,

138. Tavík František Šimon *Reminiscencje*, około 1900

139. Josef Jakší *Ścięcie Jana Chrzciciela*, po 1900

któraś nigdy nie widziała ciemności matczynego łona". Identyfikował unoszący się akt jako symboliczne zobrazowanie idei — wyobrażenia w jej transcendentalnym stanie. Jego lewitacja nie jest podporządkowana prawu ciążenia. Jednak patetyczny ruch ręki ku głowie zawiera już przeczucie bolesnego przebudzenia i wyjścia z czystego idealizmu.

Koncepcja Muncha nie jest w dziejach sztuki czymś wyjątkowym. Jej znaczeniowy pierwowzór wywodzi się niewątpliwie z greckiego mitu o narodzeniu Pallas Ateny z głowy Zeusa, przy czym już w malarstwie manierystycznym doszło do istotnego przesunięcia znaczenia, gdyż Atenę lub Minerwę przedstawiano podczas aktu narodzenia nie w pełnej zbroi, lecz nagą. Ten tematyczny motyw, który ogólnie można rozumieć jako personifikację idei twórczej, powiększył przedział między ideą jako racjonalną myślą a jako intuicyjnym wyobrażeniem, co niezwykle rozszerzyło możliwości jego artystycznego wykorzystania.

W sztuce przełomu stulecia to wyobrażenie krążyło jako temat, czego przykładem może być *Ex libris* Alfreda

Liebinga. Ten uczeń Klingera pozostaje wierny mistrzowi zachowując w dziele dualizm naturalistyczny i fantazyjny. Całość kompozycji jest swoistym collage'em. Akt kobiecy ukazany został niemal w kontrapoście, a więc pomyślany jako idealna postać w stosunku do swojego podnóżka — groteskowego portretu pisarza Obratila, gryzącego gęsie pióro. Akt opierający się o książkę i głowa mężczyzny połączone są pnączami dzikiej róży. W dole obrazu została uchwycona metaforyczna ambiwalencja tematu — ziemia jest także kobietą, ale między matką-ziemią a książką-ideą znajduje się pisarz, z którego brzydoty, potu i udręczenia wyrasta piękno jak jakaś Śpiąca Królewna. Taka była prawdopodobnie romantyczna i moralna treść *Ex librisu* Liebinga, którego nowoczesność tkwiła raczej w poglądowej stronie z jej groteskowo-erotycznym akcentem.

Drzeworyt Muncha jest bardziej nowoczesny przez swą jednolitą, stylizowaną formę i pewien „prymitywizm". Można to w znacznej mierze wyjaśnić bezpośrednim echem wystawy Paula Gauguina, która miała miejsce w Paryżu u Vollarda jesienią 1896 roku. Munch przebywał w Paryżu od marca, a twórczością Gauguina interesował się już wcześniej. Na tej wystawie niespodzianką dla publiczności stała się ceramika Gauguina. Przyciągała uwagę *Urna* z roku 1889, autoportret Gauguina z zamkniętymi oczami, pomyślany jako maska pośmiertna. Głowa-maska mężczyzny na drzeworycie Muncha jest również urną, ukształtowaną stożkowo i otwartą na ciemieniu.

Urnę Gauguina można uważać za jedno z kluczowych dzieł francuskiego symbolizmu. Poprzez osobiste utożsamienie artysta połączył tu dwa główne tematy: temat Jana Chrzciciela, którego rola była tak wielka w opowieści o Salome, i temat Orfeusza, mitycznego króla śpiewaków i mędrca tajemnych nauk. Podstawą tych tematów był motyw ściętej głowy, który został podkreślony ściekającą krwawo czerwoną glazurą ceramiki, tworzącą na szyi fatalistyczną obrączkę.

Pod wpływem kultu Orfeusza powstała w 1881 roku piękna litografia Odilona Redona, w której za głową Orfeusza „płynącą po wodach" ukazał artysta świetlny trójkąt, w odróżnieniu od ciemnego trójkąta szaleństwa. Ten kult bez wątpienia zainicjował Gustave

Moreau obrazem dziewczyny z głową Orfeusza, który wzbudził duże zainteresowanie już na Wystawie Światowej w 1867 roku.

W opowieści o Orfeuszu najbardziej zainteresował artystę moment utracenia przez bohatera Eurydyki, która — po cieszącej się powodzeniem parodii w operetce Offenbacha — została znów przez symbolistów nobilitowana i spopularyzowana. W losach Orfeusza upatrywano podobieństwa do losów artystów w ogóle. Twórca także musi zejść do Hadesu swej podświadomości, aby stamtąd wynieść własne wyobrażenia (oddziaływała przy tym chyba także i pewna analogia z Dantem i Beatrice). Dzieje Orfeusza, tego praojca poetów, kończą się wprawdzie tragicznie — rozszarpują go szalone menady — ale jego głowa i lira zostają zaniesione na wyspę Lesbos, gdzie za ich sprawą powstała nowa poezja. Nie bez powodu zresztą Moreau w studiach nad głową Orfeusza nawiązał bezpośrednio do *Umierającego niewolnika* Michała Anioła i uprzytomnił w ten sposób jego neoplatońską treść.

Symboliści z rozległej twórczości Gustave'a Moreau wybrali Salome i Orfeusza, podobnie jak u Puvis'a de Chavannes wyszukali *Ścięcie Jana Chrzciciela,* głównie z tego powodu, że symbole te sugerowały działanie sił przeznaczenia pod powierzchnią życiowych realiów. W tym względzie wspomagał ich także wpływ nauk myślicieli tak zwanej filozofii życia, mających na przełomie stuleci, zwłaszcza w kręgach artystycznych, niepowszedni autorytet.

Do drzeworytu Muncha *W mózgu mężczyzny* nawiązuje fantazyjny maszkaron wymodelowany przez czeskiego rzeźbiarza Ladislava Šalouna dla ozdoby sklepienia nad wejściem do jego pracowni w Pradze. Maska zasępionego mężczyzny z zamkniętymi oczyma, u którego pomiędzy władczymi różkami na czole klęczy erotycznie przedstawiony akt kobiecy z ptasią głową. Maska ta jest również kryptoportretem filozofa Artura Schopenhauera.

Filozofię Schopenhauera w latach dziewięćdziesiątych plastykom przekazywali przede wszystkim literaci o ukierunkowaniu dekadencko-symbolistycznym. Munch stykał się z nimi już wcześniej w środowisku tak zwanej cyganerii Chrystianii, w którym przeważały problemy wywołane naturaliz-

140. Gustav Klimt
Judyta, 1901
141. Jan Štursa
Dojrzewanie, 1905

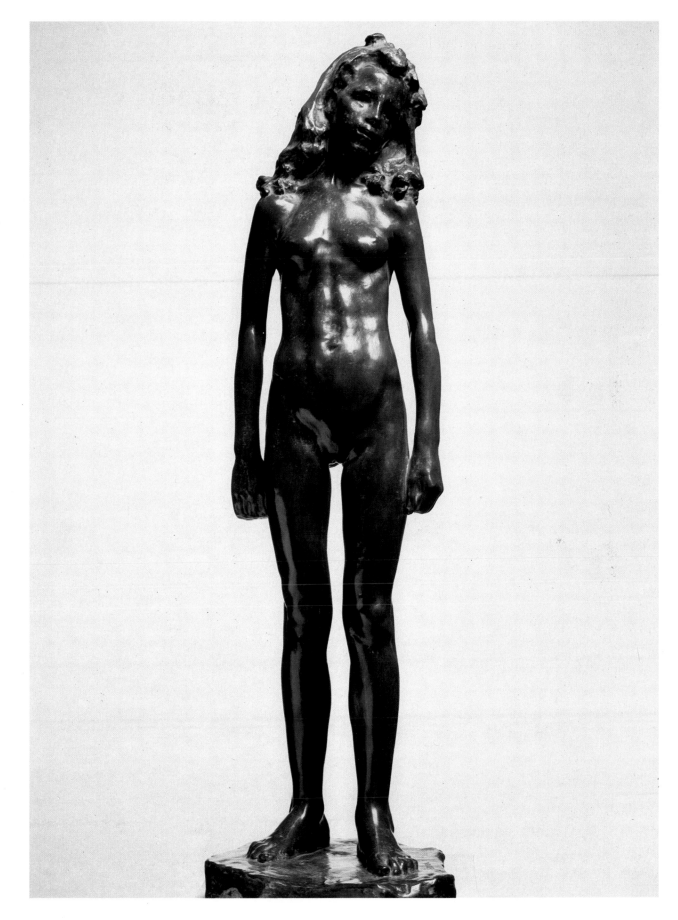

142. Aubrey Beardsley
Mrs. Patric Campbell

143. Aubrey Beardsley *J'ai baisé
ta bouche, lokanaan,* 1893

145. Ladislav Šaloun *Maszkaron*, 1910

EX LIBRIS K.J.OBRÁTIL

146. Alfred Liebing, Ex libris K. J. Obratila,
po 1900

mem, zwłaszcza zagadnienie wolnej miłości. W Berlinie — dokąd został zaproszony na wystawę w roku 1892, która wywołała jeden z najgłośniejszych skandali prowadzących do rozłamu pomiędzy starszą a młodszą generacją — spotykał się w słynnym lokalu „Pod Czarnym Prosiakiem" z dramaturgiem Augustem Strindbergiem i pisarzem, a wcześniej studentem neuropatologii, Stanisławem Przybyszewskim, który stworzył z poglądów Schopenhauera i Nietzschego własną psychologię sztuki.

Grafiki Muncha, z okresu jego kontaktów z tymi ideologami dekadentyzmu, można także rozumieć jako swobodną ilustrację niektórych podstawowych wyobrażeń wywodzących się od Schopenhauera i krążących w tym żywym środowisku. Drzeworyt *W mózgu mężczyzny* poprzedzają dwa warianty litografii *Urna* z 1896 roku. Na jednej z nich z wielkiej urny, z której buchają w górę płomienie wyłania się dziwaczne, demoniczne, jakby rozżarzone oblicze. Poniżej rozgrywa się orgiastyczna scena, a nad całością unosi się głowa kobiety o głęboko zapadniętych oczach i melancholijnym wyrazie twarzy.

To, co płonie w *Urnie* Muncha jest najprawdopodobniej samą Wolą Świata Schopenhauera, istotą świata, łaknącą swej obiektywizacji i wywołującą swą ślepą żądzą rozkoszy i swoją zasadą indywidualizacji jedynie cierpienie i boleść. Głowa wznosząca się nad urną mogłaby być Schopenhauerowskim Wyobrażeniem Świata. Natomiast drzeworyt *W mózgu mężczyzny* w starannie wyrzeźbionych rysach twarzy maski zdaje się mówić o przewadze intelektu i ducha, który mógłby przełamać panowanie Woli Świata i zapewnić to genialne, obiektywne spojrzenie platońskich idei, które według Schopenhauera należało do dziedziny czystej estetyki. Akt-idea unosi się w ornamentacji zwoi mózgowych, jakby balansował na szalach wagi utworzonej przez oblicze maski, rysującej się w kształcie litery T. Chwiejność tej równowagi można porównać z niestałością stanu estetycznego, który według Schopenhauera może uspokoić Wolę Świata tylko przejściowo, w rzadkich momentach, kiedy idea promieniuje pięknem obrazu. Wystarczy tylko nachylić szalę wagi, a już znowu zwycięsko panuje Wola.

Według Schopenhauera oprócz sztuki istniała jeszcze jedna możliwość
przezwyciężenia dyktatu Woli Świata.
Była nią ascetyczna świętość. Właściwie obydwie te możliwości mieściły się
w temacie Orfeusza i Jana Chrzciciela.
Było to możliwe już choćby z tego
powodu, że obie mityczne postacie
łączył tragiczny los, w którym zawierało
się ich głębsze posłanie. To, że Gauguin swej symbolicznej Urnie dał
własną twarz, podkreślało jeszcze
znaczenie takiego połączenia jako
pewnego programowania typu nowoczesnego artysty. Istotą jego działania,
na podstawie tych wyobrażeń, było
głównie samopoświęcenie.

Dobrze to wyraził Miloš Marten, jeden z teoretyków tej doby, porównując
Muncha z Przybyszewskim (jego portretu doszukiwano się także w masce
drzeworytu Muncha *W męskim mózgu)*, plastyka z pisarzem, których łączyła wspólnota psychiczna. ,,Nie
istnieje chyba inny przykład tak głębokiego współbrzmienia dwóch indywi-

147. Edvard Munch *W mózgu mężczyzny*,
1897

148. Paul Gauguin *Urna — autoportret*,
1889

149. Jan Preisler *Jeździec na czarnym koniu*, 1904

dualności, które przed obrazami Muncha zmusza do myślenia o ekstatyku nagiej duszy. Trylogia *Homo sapiens, Wigilie* i *Dzieci szatana* wibruje myślami, których odbicie wprowadza w dzieła Muncha ferment, poruszający jego skandynawską mistyczną melancholię. Po wnikliwej analizie i przemyśleniach Przybyszewski w dwóch esejach dokonał transpozycji *Zur Psychologie des Individuums* na zasady metafizyki sztuki, do czego Munch doszedł jakby instynktownie, drogą bezpośredniej malarskiej intuicji. W najbardziej istot-

nych fragmentach swej psychologii poszukują oni człowieka, jego istoty, jego przeznaczenia w żywiołowych erupcjach nieopanowanych, niekontrolowanych sił ludzkiego organizmu. Działanie owych sił zaczyna się tam, gdzie zatracają się korzenie świadomości i woli. Człowiek nie jest dla nich już tylko jednostką społeczną, mniej lub bardziej wybitną osobowością, ale konglomeratem nie do końca rozeznanych ośrodków nerwowych, z których każdy ma swoją funkcję i każdy może nadwerężyć niepewną, sztucznie sklejoną

151. Edvard Munch *Urna*, 1896

152. František Bílek *Byś uświęcił
w nas swoją istotę*, 1900

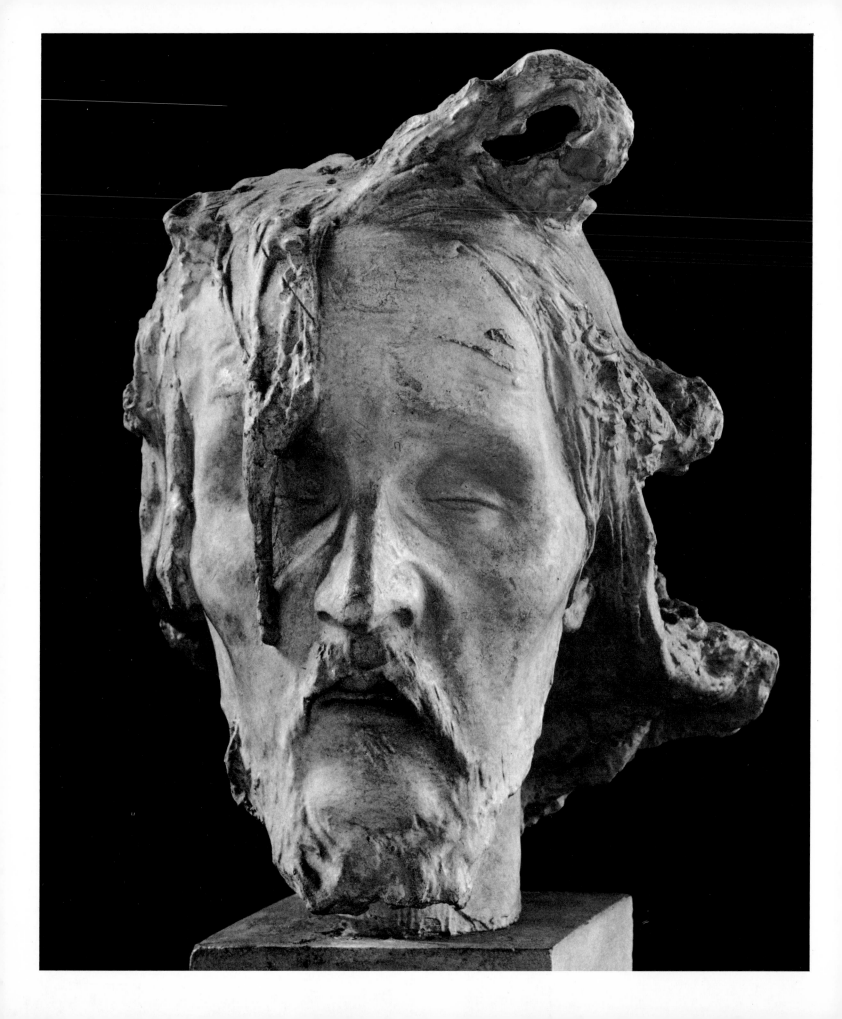

153. František Bílek
Głowa Ukrzyżowanego,
1898

154. František Bílek
Ukrzyżowanie, 1899

jedność. W tym, co określa się jako aberracja i patologia, widzą podburzenie pierwotnych i własnych substancji, z których składa się życie. I tak właśnie materia staje się dla nich nośnikiem mistycznego fatum, które w przeszłości odsuwano gdzieś daleko od ziemi. Znajdują upodobanie w paroksyzmach namiętności, które — jak wulkaniczne wybuchy lawę — wydobywają na zewnątrz to, co tworzy najgłębsze, prapierwotne warstwy duszy. Kochają strach i desperację jako pierwotne formy świadomości. Kochają ból, gdyż wznieca myśli przyprawiające o zawrót głowy. W grzechu, występku i szaleństwie szukają rozwiązania tajemnicy życia i śmierci. Dlatego sztuka jest dla nich ognistą eksplozją, wytworem gorączki i uniesienia, dramatem, ekstazą i halucynacją. W malarstwie Muncha pobrzmiewa fatalistyczne zdanie van Gogha: «Im bardziej jestem chory, tym bardziej staję się artystą». Ale artysta chorobą okupuje wybuch duchowej energii, przewyższającej siły fizyczne, jest ona gwarantem życia wewnętrznego i samozaparcia, jest okupem za gwałtowne tchnienie myśli i uczuć. Choroba jest okrutną przyjaciółką, wielką inspiratorką a sama istota piękna jest patologiczna...«[39]

Rzadko kiedy udaje się krytykowi tak trafnie oddać wewnętrzny niepokój i napięcie współczesnego mu artysty. Elementarny strach, wywołany bezpośrednim spotkaniem i zderzeniem się z życiem, jak i chęć osiągnięcia dna w przeżyciach były jednak od razu programowane i symbolicznie personifikowane w przykładach podobnej postawy. Samopoświęcenie, jako pewna forma wyzwolenia się z traumatycznego przeżywania strachu, znajdowało wzór w osobie Chrystusa, przyciągającej również w niezwykłym stopniu wyobraźnię artystów przełomu stuleci. Chrystusa jako symbol „syna człowieczego" wydźwignął katolicki modernizm wbrew oficjalnemu kościelnemu dogmatowi. Estetyczny hedonista Wilde, po upokorzeniu go przez angielski sąd, zaczął pojmować Chrystusa jako ogólny przykład dla artysty. Van Gogh w korespondencji z Émilem Bernard podziwiał Chrystusa jako największego artystę, który potrafił tworzyć żywych ludzi i żywe słowo. František Bílek, który w *Ukrzyżowanym* wyraził cały patos własnej walki o prawdę poznania życia i ciągle ranioną miłość człowie-

155. František Kobliha
Sfinks, 1909

156. František Kobliha
Podmorskie dżungle,
1909

czeństwa widział w Chrystusie głównie Odkupiciela. Bílek, jak i Gauguin utożsamiał własne oblicze z idealnym wzorem poprzez „wewnętrzne spojrzenie". Ukrzyżowanie, widziane jako scena z *Apokalipsy,* było w ówczesnej sztuce wiele razy aktualizowane. Takim przykładem, może być obraz Muncha, na którym podczas straszliwego światowego kryzysu człowieczeństwa do pustego krzyża zostaje przywiedziony artysta, jako nowa a przy tym ciągle powtarzająca się ofiara.

Sens tej ofiary miał być jednak ponadosobisty. Dlatego pod jej naturalistycznymi aspektami, pod prawdą cielesnego cierpienia i udręczenia, szukało się przeświadczenia, iż spokojne panowanie nad sobą w wyniku przełamania artystycznej neurozy wniesie w cierpienie element bolesci. To miał na myśli van Gogh, gdy pisał, że spośród wszystkich filozofów i magów jedynie Chrystus dał świadectwo takim podstawowym prawdom, jak żywot wieczny, nieskończoność czasu, nicość śmierci, nieodzowność i sens spokojnej łagodności i przywiązania. Dlatego wyobraźnię secesyjnych twórców pociągały półlegendarne postacie wtajemniczonych, białych magów, uczonych, którym przypisywano znajomość tajnych nauk i życiowej mądrości. I tak Ladislav Šaloun był twórcą grupy rzeźbiarskiej rabbiego Löwa ben Becalela. Rabbi Löw ben Becalel, wokół którego narosły liczne legendy, był postacią historyczną. Żył w manierystycznej Pradze w końcu XVI wieku za panowania Rudolfa II. Zasłynął między innymi jako twórca Golema, glinianego olbrzyma, którego ożywiał wkładając mu do ust „szem" — napisaną magiczną formułę. Ta szesnastowieczna historia przypomina się w niebezpiecznych dążeniach secesyjnych artystów do odkrycia i opanowania nieznanych sił psychicznych ludzkiej podświadomości i wykorzystania ich dynamiki w twórczości.

Szczytowym osiągnięciem tych dążeń stał się wizerunek nowoczesnego człowieka. W 1891 roku Société des Gens de Lettres w Paryżu, którego prezesem był wówczas Émile Zola, powierzyło Augustowi Rodinowi wykonanie pomnika Honoré de Balzaca. Balzac, już za życia uważany był przez wielu za ucieleśnienie nowoczesnego geniuszu i taka ocena stała się później jeszcze bardziej powszechna i równocześnie oficjalna. Rodin przystąpił do

157. Ladislav Šaloun *Rabbi Löw,* 1910

158. Auguste Rodin *Balzac*,
1898

pracy przy pomniku po rzeźbiarzu Chapu, reprezentancie akademizmu, który zamierzał wykonać tradycyjną siedzącą postać. Rodin pojmował swoje zadanie o wiele szerzej. W jednym z listów napisał, że myśli o niestrudzonej pracy Balzaca, o trudnościach jego życia, o jego nieustających zmaganiach i wielkiej odwadze, i że to wszystko chciałby wyrazić w swojej rzeźbie.

W ten sposób zaszczytne zamówienie na pomnik sławnego pisarza Rodin wzbogacił problematyką znacznie trudniejszą i bezprecedensową. Balzac stał się dla niego prototypem nowoczesnego artysty i człowieka w ogóle zmagającego się z życiem i objawiającego swą osobowość, swoje ja. Wizję Balzaca ukształtował Rodin na podstawie opisów podkreślających atletyczną budowę ciała pisarza i jego niezwykłą żywotność promieniującą twórczą energią. Lamartine kiedyś napisał, że właśnie postura Balzaca stwarzała wrażenie siły, że jego twarz była twarzą żywiołu. Rodin ukazał więc potężną postać Balzaca ze skrzyżowanymi rękami. Ubrał go w płaszcz kąpielowy, w którym pisarz chętnie pracował, a który jednocześnie umożliwił rzeźbiarzowi niezbędne uproszczenie formy i wyznaczenie „wielkich linii" monumentalizujących dzieło plastyczne. Seria studiów głowy wykazuje, jak Rodin przechodził od naturalistycznych podobizn do całkowicie swobodnych kreacji. Twarz pisarza zmieniała się przy tym jak zmienia się maska aktora. W ten sposób przejawił się szczególny sens maski, pozbawiającej jednostkę jej własnych rysów i czyniącą zén postać o wymiarze symbolu.

Nad pomnikiem tym Rodin pracował siedem lat, podczas których przechodził na przemian stany entuzjazmu i depresji. Kiedy zaś w 1898 roku ostateczny model wystawiono na widok publiczny, został on powszechnie wykpiony, co Rodin przeżył głęboko. Skandal z *Balzakiem* był wydarzeniem prawie tego samego rzędu, co epokowa afera Dreyfusa i jak ona podzielił francuską społeczność na dwa wrogie obozy. Dziennikarskie dowcipy nie miały końca. Dzieło Rodina przyrównywano do worka z węglem, do bezkształtnej larwy, mówiono, iż jego widok będzie płoszyć dorożkarskie konie. Sprzedawano również gipsowe karykatury pomnika przedstawiające stojącą fokę z ironicznym napisem

159. Walter Crane,
ilustracja do książki
Flora Feast, 1897

„krok do przodu". Rzeźba określona jako „toporne studium" nie została przyjęta przez Société des Gens de Lettres. Za życia Rodina nie doczekała się odlewu w brązie, a jako pomnik została wystawiona w Paryżu dopiero w końcu lat trzydziestych.

Balzac Rodina był dziełem wyznaczającym początek nowoczesnej rzeźby i czymś więcej — ogólnym symbolem postawy nowoczesnego człowieka wobec życia. Jego „toporność" i przeciwne zasadom akademizmu niedopracowanie szczegółów były wynikiem pełnej koncentracji nad formą. W ten sposób artysta pozbawił rzeźbę wszelkich elementów konwencjonalnych, do których widz był przyzwyczajony. Do dzisiaj ta rzeźba, którą sam artysta uważał za swoje szczytowe osiągnięcie, budzi podziw. Przykuwa uwagę nie tylko jej monumentalizm i kontrast między luźno opadającym płaszczem a energią ukrytego pod nim ciała, lecz także rysy twarzy Balzaca odpowiadające opisowi Lamartine'a. Najistotniejsze jest tu połączenie tak różnych elementów, jak intymny charakter postaci, która może robić wrażenie śmiesznej lub karykaturalnej, z jej symboliczną wymową będącą uogólnieniem losu jednostki. *Balzac* Rodina nieprzypadkowo był przyrównywany do prastarego menhiru, do wzniesionego prymitywnie obrobionego kamienia megalitycznych cywilizacji, który związany z kultem zmarłych wyznaczał boską oś świata, miejsce, w którym horyzont ludzkiego bytu nagle sięga bardzo wysoko, w którym istnieje możliwość uwolnienia się ludzkiego ducha. Rodin jednak zmodernizował tę starą symbolikę, do której źródeł sięgał już w *Wieku spiżu*. W jego *Balzaku* nie chodzi o przeciwstawienie sobie ciała i ducha, ale o ich tajemny związek, o uwznioślenie materii, czego efektem jest również ludzki geniusz.

Nowocześni artyści przełomu stuleci powszechnie sympatyzowali z anarchistami. Wprawdzie nie uczestniczyli oni aktywnie w akcjach terrorystycznych, które zresztą skończyły się w połowie lat dziewięćdziesiątych, ale protestowali przeciwko działalności państwa i jego mechanizmów, między innymi w dziedzinie kultury. Etykietą anarchizmu obdarzano wówczas nie tylko prawdziwych anarchistów otwarcie współpracujących z anarchistyczną prasą, jak Camille Pissarro, ale wszystkich impresjonistów i symbolistów, którzy wymykali się salonowej przecięt-

160. František Kupka *Gwiżdżę na strajkujących*, z cyklu *Pieniądze*, 1901

161. František Kupka *Pluralistyczne prawo wyborcze w Belgii,* 1904

162. František Kupka *Rytm historii,* około 1905

ności i podkreślali indywidualność widzenia świata.

Bohema i dekadentyzm z pewnością nie stanowiły najpoważniejszej groźby dla panującego ustroju społecznego. Jego instytucje potrafiły jednak twardo reagować w stosunku do ich przedstawicieli, czego przykładem był proces Wilde'a, przypadający na okres, w którym anarchizm doprowadzał burżuazję do przerażenia graniczącego niemal z histerią tłumu. Były to wszak wyraźne symptomy rozpadu tradycyjnego systemu wartości w sferze intelektualnej. Inteligencja artystyczna odcinała się niekiedy od swego pochodzenia, dążąc do ideału osobistej niezależności. Te tendencje były poniekąd równoważone niejasnymi wyobrażeniami wywodzącymi się z utopijnego socjalizmu, który do środowiska artystycznego wprowadził William Morris w Anglii, a we Francji grupa realistów opierająca się na nauce Fourriera i Proudhona. Po okresie rozlicznych zamachów bombowych nadszedł okres anarchosyndykalizmu, który był następną formą ruchu anarchistycznego. W środowisku artystycznym anarchosyndykalizm przejawił się tendencją do zakładania artystyczno-rzemieślniczych warsztatów i spółdzielni pracy, które w znacznej mierze przyczyniły się do rozwoju i popularyzacji stylu secesyjnego.

W odróżnieniu od stylów historycznych, zamierzona i zaprogramowana idea nowego stylu wymagała rozumienia świata jako całości. Nowy styl, obok problemów natury czysto artystycznej, stawiał przed sobą cele moralne. Chciał wskrzesić wartości pracy artystycznej i za jej pośrednictwem stworzyć nową kulturę. W tych szczytowych dążeniach twórcy zdani byli wyłącznie na własne siły i własną pomysłowość, bowiem wokół panowała atmosfera rozkładu, obłudy i powszechnego upadku. Artystyczna inteligencja w większości poruszała się w próżni ideowej, co w pewnej mierze tłumaczy wystąpienia dekadentów, którzy prowokowali burżuazyjny gust i powszechnie obowiązujące normy moralności, tworząc dzieła przepojone pesymizmem.

Nawet ideologowie anarchizmu nie mogli dać artystom silniejszego wsparcia moralnego poza mglistą wizją „cesarstwa niewinności", które nastanie po upadku rządów ucisku. František Kupka w ilustracjach do książki czołowego teoretyka anarchizmu Élisée Reclusa

163. William Blake *Kochankowie
w wirze wiatru*, 1824—1827

164. Edvard Munch *Kochankowie
w falach*, 1896

L'*Homme et la Terre* powrócił do symbolu, który wykorzystał już w *Zagadce życia*. W kompozycji *Rytm historii* ukazuje nagie ciała mężczyzn i kobiet unoszone przesuwającą się w kosmosie falą świetlną, poddawane jej opadaniu i wznoszeniu się.

W przeciwieństwie do nieokreślonego, bezkształtnego tłumu, który pojawił się także w *Filozofii* Klimta i wyrażał słabość ludzkości wobec kosmicznych sił losu, tutaj występuje jednak wyraźniejsza artykulacja form. Podstawowym obiektem tej lewitacji jest para ludzi — mężczyzna i kobieta — kochankowie wnoszący do tego fatalistycznego obrazu nowy element — miłość.

Sztuka końca stulecia podejmuje temat miłości w wielu wariantach. Nie zabrakło nawet ujęcia sentymentalnego, którego przykładem może być *Pocałunek* Rodina. W twórczości Gustava Klimta motyw pocałunku przewijał się, bądź to w formie naturalistycznej, erotycznej, bądź w stylizowanej, mistyczno-abstrakcyjnej. Wystawiając w 1898 roku *Pocałunek* obok *Balzaca*, Rodin chciał uświadomić społeczeństwu i młodym twórcom, jak bardzo odszedł od akademizmu w kierunku nowoczesności. Bardziej charakterystyczna dla jego sposobu pojmowania tematu miłości była rzeźba *Fugit Amor — Miłość ucieka*, która powstała na początku lat osiemdziesiątych, jako jeden z wielu elementów kompozycji *Bramy piekeł*. Pomysł dzieła zasugerował być może poemat Baudelaire'a *Przechodzień*, o którym wspominaliśmy już omawiając reakcje artystów na nowe zjawisko miejskiego tłumu ulicznego. Inspiracją był także zapewne epizod nieszczęśliwej miłości Paola i Franceski w *Boskiej komedii* Dantego. Przy tworzeniu tej grupy rzeźbiarskiej Rodin wykorzystał męską postać z rzeźby *Zaginiony syn*. Leżący na boku mężczyzna wznosząc ramiona usiłuje pochwycić ulatującą nagą postać kobiecą. Ten motyw jakby ulatującej kobiety został powtórzony w drzeworycie Muncha *W mózgu mężczyzny*.

Brzeg i fala — druga nazwa nadana dziełu przez Rodina — podkreśla pokrewieństwo tej sceny alegorycznej ze zjawiskami natury, którym wiele uwagi poświęcali ówcześni twórcy. Ten rodzaj symboliki tkwiący głęboko w wyobraźni secesyjnych artystów oraz jej atrakcyjność należy tłumaczyć tym, że oddawała ona nie tylko ideę epiki i sedno

165. Edvard Munch *Salome — Parafraza*, 1889

166. Edvard Munch *Krzyk*, 1893

przeżyć twórców, ale miała ponadcza-
sowy charakter o wiele starszym artystycznym rodowodzie. Artyści secesyjni
szczególnie cenili jedną z ilustracji
Williama Blake'a do poezji Dantego,
powstałych w dwudziestych latach XIX
wieku, *Kochankowie w wirze wiatru*. Ta,
nawiązująca do Michała Anioła, kompozycja w warstwie ideowej wyrażała
więzi pomiędzy życiem a płomieniem
i światłem miłości. Secesja, okres
w którym romantyczna fantazja uległa
pewnemu osłabieniu pod wpływem naturalizmu, odnajdowała ten proces
w przejawach innego żywiołu, a mianowicie wody.

Grafiki (akwaforta i litografia) Edvarda Muncha *Kochankowie w falach*
ukazują trud i cierpienie wynikające
z połączenia dwóch indywidualnych
bytów, z których kobieta ucieleśnia
misterium świata. Krzywe linie fal, powtarzające się w splotach włosów, sym-
bolizują obiekt dążeń mężczyzny na-
wiązującego kontakt z kobietą i prze-
kroczenie przez niego „oceanu tęsknoty", o którym tak często mówiło się
w poezji tego okresu. Tonięcie, zatapia-
nie się, ma tutaj symboliczne znaczenie
pełnej integracji z tą tajemniczością,
życiodajną siłą świata, której uosobieniem była wówczas kobieta „jako taka". To połączenie jest jednak idealne
— w rzeczywistości nie może nigdy
całkowicie spełnić się. Zarówno u Muncha jak i u Rodina miłość odchodzi.
W komentarzu do innej swojej grafiki,
Spotkanie we wszechświecie, przedsta-
wiającej bezwładnie wznoszące się postacie mężczyzny i kobiety, Munch
mówi, że losy ludzi są podobne do
losów planet — mogą się spotkać tylko
przelotnie, gdyż każda z nich mknąc
własną drogą znika w niezmierzonej
przestrzeni wszechświata. Między mi-
lionami gwiazd jest tylko kilka takich,
których drogi łączą się aż do całkowitego zespolenia w płomieniach.

Dostępna ludziom miłość sprowadza
się właściwie do walki płci, której
tragiczna dynamika łączy kolejne gene-
racje i odbiera śmierci jej ponurą
tajemnicę. To misterium krążenia, wymiany energii i materii, którego nośnikiem jest kobieta, wzbudza w jednostce
uczucia panicznego strachu. Dlatego
więc malowaną w latach dziewięćdziesiątych serię obrazów poświęconych
tematowi miłości, w których zawarł całą
„filozofię świata" powstałą pod wpły-
wami dekadentyzmu i symbolizmu,

167. František Bílek, plakat wystawy prac własnych, 1908

168. František Bílek *Zdumienie,* 1907

zamknął Munch chyba najsłynniejszym swym obrazem *Krzyk.*

Obraz ten — jak pisał Munch łącząc rzeczywiste przeżycie z literacką fabułą — powstał w następujących okolicznościach: „Z dwoma przyjaciółmi szliśmy przed siebie. Nagle zaszło słońce. Niebo stało się czerwone jak krew, a ja poczułem tchnienie trwożnego smutku. Stanąłem cicho i oparłem się o poręcz. Ponad granatowoczerwonym fiordem i miastem było niebo jak krew i jak ogniste języki. Moi przyjaciele poszli dalej, a ja stałem i drżałem ze strachu. Wydawało mi się, że potężny, niekończący się krzyk przeszywa przyrodę."

Wszystkie interpretacje *Krzyku* zgodne są z tym, że z plastycznego punktu widzenia chodzi w nim o eminentny stosunek pomiędzy główną postacią, której dziwnie zdeformowana głowa przypomina czaszkę, a stanowiącym jej tło krajobrazem i niebem. Postać jest konturowo zamknięta krętą linią powtarzającą się w krajobrazie. Ostro nakreślone diagonalne linie proste poręczy mostu jeszcze wzmacniają te zależności między liniami krzywymi. Ruchoma krzywa, która panuje nad krajobrazem, opanowuje w końcu także postać mimo oporu stawianego przez jej zamknięty kontur. Ten ujarzmiający człowieka plazmatyczny odwieczny ruch, który bywa tłumaczony jako symbol nowego, mitycznego przeżywania świata, w którym „człowiek i natura nawzajem się demonizują"[40], nie wynika tylko z krajobrazu. Na tylnej stronie pierwotnej wersji *Krzyku* z roku 1893 (Galeria Narodowa w Oslo) znajduje się szkic olejny tego obrazu. Widocznie Munch, niezadowolony ze szkicu, sam obraz namalował na odwrotnej stronie. Obie kompozycje różnią się jedynie tym, że na obrazie głowa postaci i poręcze są przesunięte niżej. Gdyby obraz został namalowany według pierwotnego szkicu, dominowałaby w nim postać. Przez przesunięcie jej w dół w tle wytworzyło się miejsce dla przepływu swobodnego ruchomych fal krajobrazu, dynamizowanego wychodzącą z „krwawego" nieba ruchomą krzywizną. W linearnych układach obrazu powstało jakieś ekspresyjne oko cyklonu dysonansowych barw

---

˙ Werner Timm *Edvard Munch.* Przekł. Egbert W. Skowron. Warszawa 1973, s. 20.

i konwulsyjnych linii. Od tego właśnie miejsca przesuwają się w prawo fale czerwieni staczając się w dół do fal błękitu i zieleni krajobrazu oraz do czarnej esowatej postaci.

Już współcześni Munchowi komentatorzy jego obrazu — Stanisław Przybyszewski i czeski teoretyk literatury Miloš Marten — to ognisko apokaliptycznego „krzyku przyrody" tłumaczyli jako krwawiącą ranę. Było to zgodne z wypowiedziami malarza oraz jego ogólnym tragicznym wizerunkiem świata, ukształtowanym pod wpływem drastycznych wspomnień śmierci najbliższych. Ekspresjonistyczny kierunek nowoczesnej sztuki nawiązywał do Muncha i jego literackich przyjaciół, jednak to wyobrażenie rozwinął aż do symbolu kosmicznej szczeliny, rysy w tradycyjnej przestrzeni. Uważano, iż Munch w ten sposób wyraził swoje podstawowe dążenie do przezwyciężenia mechanistycznego poglądu na świat i przeniknięcia jego statycznej maski aż do wewnętrznych, dynamicznych sił.

Obraz ten stanowił jednak kres odwagi Muncha. Sam artysta uważał, że taki obraz: „Mógł namalować tylko szaleniec". Tym bardziej wystawowa publiczność przyjęła *Krzyk* jako wyzwanie, wywołujące protesty przeciwko

169. Paul Gauguin *Sąd Parysa,* 1903

170. Henri Rousseau *Autoportret,* 1890

„prymitywizmowi" autora, „surowej bazgraninie barwnych plam", „dzikim widmom i neuropatologicznym konwulsjom". Także i poważni krytycy byli zdania, że „ręka, która tak włada pędzlem, powinna raczej rzucać bomby".

W rzeczywistości *Krzyk* stał się punktem kulminacyjnym kilku podstawowych tendencji twórczości artystycznej drugiej połowy XIX wieku. Był najbardziej wyraźnym sformułowaniem tematu postaci w krajobrazie, a jednocześnie najtrafniejszym ujęciem tematu zagadki życia, tak aktualnego w latach dziewięćdziesiątych. W tym sensie Munch stworzył silnie oddziałującą „formułę patosu".

Mniej więcej w tym samym okresie pojęcia „Pathosformel" zaczął używać hamburski naukowiec i historyk sztuki, Aby Warburg. Określał nim również ruchowe motywy wyrażające podniosłe stany emocjonalne, które twórcy renesansowi przejęli z płaskorzeźb antycznych sarkofagów i łuków triumfalnych. Później uogólnił te zapożyczenia upatrując w nich przejawu podstawowej kontynuacji w rozwoju kultury, zapewniającej sztuce jej siłę wyrazu. Teoria Warburga była bardzo charakterystyczna dla swego okresu. Te „dyna-

mogramy" Warburg uważał za symbole pierwotnych energii psychicznych, które stały u podstaw greckiej, a więc europejskiej kultury. One to właśnie umożliwiają artyście utrzymanie kontaktu z ziemią ojczystą, co stanowi w ogóle warunek możliwości wypowiedzenia się. Istnieje tu jednak także niebezpieczeństwo regresu do poziomu prymitywnego i dlatego artysta musi tym przejętym tematom nadać nowe wartości, jak to czynili artyści renesansu chrystianizując motywy pogańskie.

„Orgiastyczne" zejście Muncha do takiej prymitywnej podstawy było swojego rodzaju inicjacją dla współczesnych mu twórców i wyzwaniem do zajęcia postawy wobec zagadki życia w jej najbardziej skrajnych przejawach. Ten prymitywizm Muncha był w pewnym sensie logiczny, gdyż stanowił reakcję na długi proces spadku wartości wyrazu, który zaczął się renesansową polaryzacją antycznych „formuł patosu".

Jedną z licznych reakcji na wyzwanie Muncha była rzeźba Františka Bílka *Zdumienie*. Powstała ona po wystawie Muncha w Pradze w 1905 roku. Bílka musiał prowokować demoniczny charakter *Krzyku* jako symbolu kosmologicznego. I on stawiał sobie charakterystyczne dla tego okresu pytanie dotyczące „zagadki życia".

Dlatego więc jego rzeźba „wyrosła" z ziemi, ale wspina się do światła, które spływa po jej żłobieniach. Jego „mistyczny człowiek" oszołomiony pięknem wszechświata, przezwycięża strach. Jego zmysły są „otwarte", jak to odczytamy z plakatu wystawy Bílka, do którego wykorzystał właśnie rzeźbę *Zdumienie*. Zamiast krzyczących ust postaci Muncha, u Bílka na biodrach postaci widzimy spinającą materię przepaski klamrę, którą artysta przyjął za punkt środkowy sali wtajemniczonych w swoim ideowo-plastycznym projekcie o największym rozmachu — *Budowie przyszłej świątyni w nas*.

Reakcja Bílka na *Krzyk* była moralistyczna i antydekadencka, powstała zresztą w okresie, w którym już świadomie przeciwstawiano się pesymizmowi i subiektywizmowi lat dziewięćdziesiątych. Przy silnych ideowych przeciwieństwach występuje tu jednak wiele cech wspólnych, wywodzących się ze wspólnych korzeni kryzysu moralnego i światopoglądowego.

171. Josef Hoffmann, projekt tapety, po 1910

172. Jan Konůpek *Medytacja*, 1909

173. František Kupka *Wiejące błękity II*, 1922—1936

Także idea nowego stylu była dalekosiężnym projektem mającym przezwyciężyć żywo odczuwany upadek wartości kulturalnych nowoczesnej cywilizacji. I chociaż przejawiała się przede wszystkim w działaniach praktycznych, wywierając wpływ na środowisko miejskie, miała jednak ogólne cele. Także poglądy teoretyków tego okresu, przyjmujące jako podstawę wszelkiej sztuki symbolikę i ornamentalizm, wskazują, że również w działalności budowlanej i artystyczno-rzemieślniczej poszukiwano ogólnych symboli formalnych i ideowych, czerpanych przede wszystkim ze sztuk pięknych.

Zatem dla malarzy pojęcia ornamentu i dekoratywności nie były czymś obcym. Również twórczość Muncha, mimo tak wyrazistej ekspresji wypowiedzi, zawierała wiele elementów dekoracyjno-ornamentalnych, stanowiących w końcu podstawę jego malarskiego skrótu przedmiotu.

Zainteresowanie ornamentem wywodzi się także z zainteresowania muzyką. I na ten temat nie brakowało wypowiedzi największych ideologicznych autorytetów tej doby. Dla Schopenhauera muzyka była bezpośrednim odbiciem Woli Świata, niezależnym od idei, a jej siła urzeczywistnia się w kompozytorze nieświadomie: „[. . .] kompozytor objawia najbardziej wewnętrzną istotę świata i wysławia najgłębszą mądrość w mowie, której swoim rozumem nie obejmuje; jak magnetyczny somnambulik rozwiązuje sprawy, o których świadomie nie ma wyobrażenia". Taki charakter miały sławne rzeźby — królujący na wiedeńskiej wystawie Secesji w roku 1902 *Beethoven* Klingera, czy pełna wyrazu seria głów Beethovena, którą przez lata tworzył Bourdelle.

Poprzez istotę swego rytmu ornament w sztukach plastycznych bardziej zbliżał się do muzyki, a jego swobodna percepcja stwarzała nowe możliwości pożądanego upowszechnienia tak w sztuce użytkowej, jak i w sztukach pięknych. Droga ta wiodła aż do sztuki abstrakcyjnej, co jasno wynika z dzieła Františka Kupki. Jego *Wiejące błękity* powstały wprawdzie dopiero po przeminięciu epoki secesji, mimo to są w istocie konsekwentnym rozwiązywaniem problematyki, która była głęboko zakorzeniona w wyobraźni przełomu stuleci, a którą już sam artysta podejmował w *Rytmie życia*[41]. Tutaj wszak nie chodzi tylko o rytm historii, lecz

o rytm całego wszechświata. W takim zrozumieniu mężczyzna i kobieta nie zniknęli z obrazu, ale ulegli transformacji na Ziemię i Niebo, połączone wspólnym, jednolitym rytmem, wyrażonym falistymi liniami. Ich przebieg dynamizuje się w formach mających wyrazić twórczą potencję energii kosmicznej. Mimo iż ornament ten ma charakter erotyczny, jednak miłość jest tu rozumiana jako wszechświatowe pryncypium. *Wiejące błękity* Kupki ukazywały, jak daleko zaszli artyści w swych swobodnych kosmologicznych i estetycznych spekulacjach.

Widzieliśmy już u van de Veldego, najbardziej charakterystycznego twórcy ornamentyki w secesji belgijskiej, jak chętnie dopatrywano się powiązań psychicznej energii jednostki z procesami naturalnymi w przyrodzie i eliminowania przy tym tradycyjnych prawidłowości w powtarzaniu ornamentalnego wzoru. Widzimy to w *Krzyku* Muncha, gdzie artysta odtworzył egzystencjalny niepokój jednostki, usiłującej, bez uciekania się do tradycyjnych elementów i środków, uporać się z istotą życia. W *Wiejących błękitach* Kupka idzie jeszcze dalej w tym kierunku — wszelka indywidualność została w obrazie już pochłonięta przez powszechność, czyli można powiedzieć, nastąpiła tu pełna integracja. Ponieważ jednak ta indywidualność nie znikła całkowicie, w obrazie Kupki przetrwał charakterystyczny ornament. W ten sposób położono kres rozwojowi ornamentyki, która z punktu widzenia ogólnych dziejów sztuki jest błędnie określona tym pojęciem. Secesyjna ornamentyka w małym stopniu respektuje klasyczne techniki rozwijania ornamentalnego wzoru i nieustannie nawiązuje do jego podstawowych elementów. W ciągłej grze asymetrii i symetrii secesyjny wzór osiąga ostatecznie zawsze spoistą i dobrze czytelną formę, jednak widz odnosi wrażenie jej nietrwałości, czy — używając słowa znaczeniowo związanego z tematem, z którym spotkaliśmy się już na początku rozdziału — rozfalowania, i że ta ruchliwa płynność rzeczywiście w jakiś sposób wiąże się z jego istotą.

Ta wewnętrzna spójność *Wiejących błękitów* Kupki z secesyjną ornamentyką wyjaśnia jednocześnie pewien podstawowy paradoks tej sztuki. *Wiejące błękity* jako obraz są niewątpliwie dziełem całkowicie „oryginalnym"

174. Richard Luksch, relief dekoracyjny na
domu przy ulicy Kaprova w Pradze, około
1910

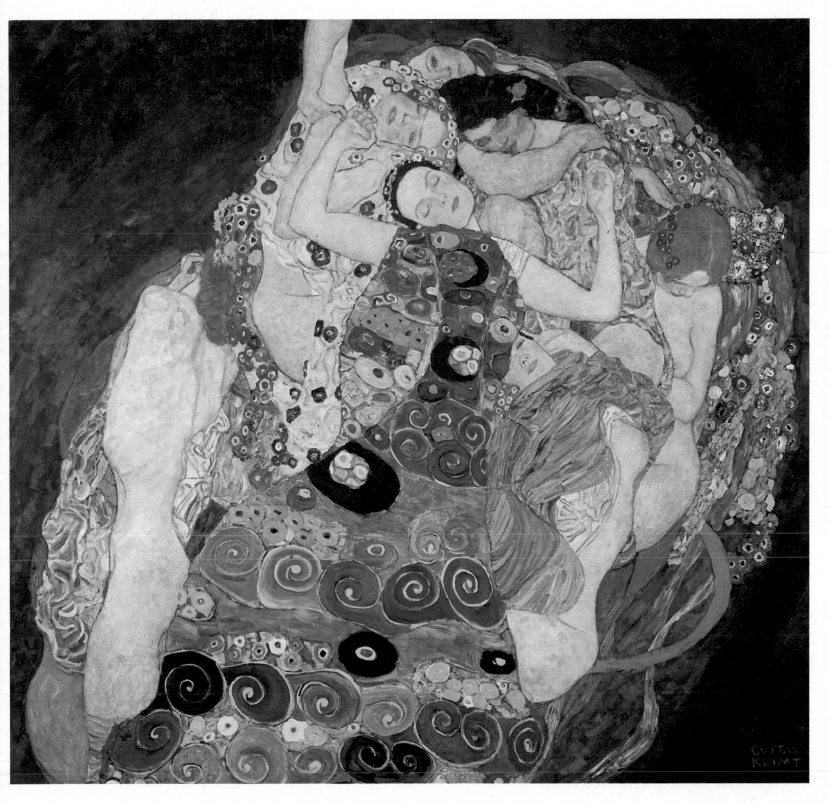

175. Gustav Klimt *Dziewica*, 1913

176. František Drtikol
Przegięty akt z jabłkiem,
po 1910

177. Jan Štursa *Ewa*,
1908

w kontekście europejskiego malarstwa, tak jak malarstwo abstrakcyjne jest zupełnie nowym i niezwykłym fenomenem w europejskiej tradycji. Sens tej oryginalości nie polega jednak na jakiejś absolutnej rewolucji i nie wynika z rewolucyjnego wynalazku technicznego. Związek z *Rytmem historii* wskazuje, że chodzi raczej o generalizację i reinterpretację dawniejszej idei i figuralnego symbolu. Różnica w symbolice obydwu prac polega nie tylko na estetycznej i plastycznej nadrzędności obrazu w stosunku do ilustracji, ale przede wszystkim na pogłębieniu treści. Pesymistyczny nastrój *Rytmu historii*, gdzie ludzkie ciała są unoszone przez nierealny prąd jakiegoś fatalnego potopu światowego, jest zmieniony na wyobrażenie, którego „optymizm" leży poza obszarem pragnienia podmiotu. Jego dominacja jest w istocie silnie mitologiczna — chodzi o przejście od nietrwałych, ostatecznych form do pierwotnych pryncypiów i sił, które je tworzą. Jest to cofnięcie się do podstaw plastycznego obrazowania, do samych początków świata, do kosmogonii, zaś malarz stara się uchwycić ów pierwotny, mityczny stan, w którym świat wyłania się z początkowego chaosu. Aczkolwiek Kupka znajdował się przede wszystkim pod silnym ideowym wpływem platonizmu, w *Wiejących błękitach* obserwujemy również orientalne wyobrażenia mitologiczne. Owale kształtujące tu linie fal przypominają procesy dzielenia taoistycznego jajka, z którego podobno powstał kosmos i wszystko co się w nim znajduje.

Te, tylko w części świadome, związki z prymitywnymi kosmogoniami, są także symptomem późniejszego stadium secesyjnego stylu i sposobu myślenia. Pierwsze impulsy wywodzą się jednak już z naturalizmu, a szczególnie ze zderzenia szerokich zainteresowań szczegółowymi i krytycznymi studiami najrozmaitszych przejawów życia z ich konkretną irracjonalnością. Dekadentyzm dodał do tego przemożną dążność do opanowania tej irracjonalności.

Komentowanie życia przez sztukę mogło następnie zmierzać w bardzo różnych kierunkach, jednak podstawowy bodziec wywodził się ze wspólnego dla nich wyobrażenia jakiegoś zstąpienia do podskórnych źródeł życia, jego niebezpieczeństw grożących jednostce wchodzącej na grząski grunt instynk-

iluzje, które są udziałem człowieka w deprymujących psychicznie, okrutnych warunkach nowoczesnego świata. Pełne fantastyki rysunki Kubina przeniknięte są głębokim niepokojem ciemnej przepaści żywota, któremu wymknął się Gauguin za cenę osobistej tragedii.

Wartości sztuki prymitywnej były doceniane nie tylko przez poszczególnych artystów, ale upatrywano w nich możliwość odrodzenia kultury. Zatem aby je poznać, nie trzeba żyć na odległych, baśniowych i rajskich wyspach Pacyfiku, ale należy tego dokonywać również w samym środku nowoczesnej „cywilizacji żelaza". Najsławniejszy z „naiwnych", których doceniła dopiero ta epoka, Celnik Henri Rousseau, prezentuje ten „heroizm nowoczesnej doby", o którym pisał kiedyś Baudelaire, malując swój autoportret w zwyczajnym ubraniu w powszedniej scenerii Paryża. Na obraz miasta składa się zbiór naturalnych symboli, które swym szczegółowym realizmem mówią zarówno same o sobie, jak i o przynależności do tego, co można określić jako świat malarza. Most, okazałe flagi statku, płynący w powietrzu balon, to wszystko są symbole nowoczesnego życia, służące do podkreślenia znaczenia portretowanego, do jego niekonwencjonalnego uczczenia, ale także do podkreślenia znaczenia i uhonorowania środowiska, w którym żyje. Jest to również jeden z „rajów", w tym przypadku jednak raczej ponownie odnalezionych niż utraconych.

Z czasem Rousseau sam się uznawał za największego „nowoczesnego" malarza, w odróżnieniu od największego „egipskiego" malarza, Picassa. Sens tej naiwnej terminologii tkwił najprawdopodobniej w tym, że Picasso występował jako przedstawiciel szeroko rozbudowanej, milogicznej koncepcji odrodzenia świata, którą propagowała już secesja. W końcu i kubizm Picassa można umieścić w ramach tej koncepcji i rozumieć go jako jej szczególnie radykalny wariant eschatologiczny. Określenie „egipski" odnosi się jeszcze dodatkowo do dorobku symbolizmu i do jego zainteresowań tajemnymi, ezoterycznymi naukami i hieroglifami. W tym sensie jednak jeszcze bardziej „egipska" niż Picasso była później secesyjna ornamentyka.

Już po roku 1900 w ornamentyce secesyjnej pojawiają się liczniejsze spi-

180. Jaroslav Panuška *Sen wariata*, 1900

181. Alfred Kubín *Rajska idylla*, około 1910

182. Jakub Obrovský *Portret dziewczyny*, 1906

183. Jakub Schikaneder *Siedząca kobieta*, 1909—1910

rale zastępujące stopniowo wcześniejsze nieokreślone linie. Ta stylizacja nawiązuje do naturalistycznych podstaw, ale przynosi znacznie szersze ideowe uzasadnienia. Nieprzerwany, ciągły bieg secesyjnej linii mógłby być rozumiany jako wyraz „zejścia" do pierwotnej materii natury trwającej w nieustannej cyrkulacji. Geometryzacja linii, która przyjmowała formy spiralne i meandryczne zmierzała już do bardziej konkretnego znaku i łączyła się tak z ogólną instytucjonalizacją secesji, jak i z dążeniem swych twórców do wyrażenia następnych idei programowych i artystycznych koncepcji.

Sednem secesyjnej zagadki życia nie była tylko przyroda sama w sobie, ale przede wszystkim problem miejsca człowieka w nadludzkiej cyrkulacji natury, a w końcu i nieludzkiej cyrkulacji wszechświata. Secesyjny twórca chciał wyrazić powinowactwo człowieka z tym ogólnoświatowym fundamentem, który na pewno był czymś innym niż po-

wierzchniowa, odbierana zmysłami przyroda. Równocześnie z przezwyciężaniem naturalizmu i zwiększaniem roli abstrakcji komplikował się jednak znów stosunek człowieka do natury kosmosu, wahający się od jednej krańcowości do drugiej, od poddania się losowi do próby wywarcia wpływu na to fatum, lub ostatecznie do podjęcia z nim walki. W ikonografii późnej secesji pojawia się kult herosów Prometeusza i Heraklesa, ożywają stare greckie mity walki z monstrami,

a równocześnie mnoży się liczba magów i czarowników, umiejscowianych na ogół w marzycielskim świecie późnych czasów antycznych. Takie spojrzenie na świat i człowieka wyjaśnia poniekąd atrakcyjność dla współczesnych ideałów nadczłowieka Nietzschego.

Późnosecesyjny ornament geometryczny staje się jakimś magicznym znakiem, formułą zaklęcia. Oprócz skrajnie symbolicznych, ezoterycznych koncepcji, rozwiązujących zwykle graficzną i plastyczną formę ornamentu

obrazującą labirynt tworzony linią esowatą lub meandrem i pozostałościami wcześniejszego naturalizmu, w myśl zasad nowej estetyki, kształtuje się stylizacja zmierzająca do oczyszczenia formy, zastępująca wyrafinowaną prostotą dawniejszą wybujałość kształtów i zdobień. Ten nowy gust propagowany był szczególnie w Wiedniu, gdzie założone w 1903 roku i prowadzone przez pomysłowego architekta Josefa Hoffmanna Wiener Werkstätte, wzorowane na szkole Mac-

184. Plakat reklamujący rowery Dürkoppa
Diana, Austria, około 1900

185. Fritz Schoen, plakat reklamujący
rowery Dürkoppa Diana, po 1900

186. Plakat reklamujący
kawę velimską, Czechy

kintosha w Glasgow, rozwinęły bogatą działalność projektową i wytwórczą na polu sztuki użytkowej i architektury.

Obok stylizowanego naturalizmu i „czystej" secesji, charakteryzującej się organiczną, giętką linią „belgijską", powstał jeszcze trzeci rodzaj secesyjnej ornamentyki, odznaczającej się prostą linią, wstrzemięźliwym zdobieniem oraz nową oceną materiałów szlachetnych.

Nowy gust, który prowadził do charakterystycznego stosowania lżejszych materiałów i uwolnienia się od naturalizmu i w tym sensie oznaczał również historyczne przesunięcie secesyjnego stylu do ekonomicznie podchodzącego do sztuki XX wieku, był bez wątpienia w swej ideowej istocie również prawowitym potomkiem ruchu secesji. Był jednym ze skutków jego wewnętrznej samooceny. Ten wewnętrzny związek

jest widoczny w rozlicznym przewijaniu się motywów tematycznych, wspólnych różnym formom wypowiedzi secesyjnej. Na przykład temat orantki, kobiety-kapłanki stojącej frontalnie z wzniesionymi rękami i wzywającej siły nadprzyrodzone, boskie i siły natury, jest ulubioną postacią wskazującą na mitologiczne ukierunkowanie secesyjnej wyobraźni. Temat ten odnajdziemy na początku stulecia tak w grafice (okładka Konupki do symbolistyczno-ezoterycznego przeglądu *Medytacja),* jak i w dekoracyjnych kompozycjach (które dla jednego z praskich domów wykonał rzeźbiarz Richard Luksch, należący do wiedeńskiej grupy secesyjnej Klimta). Poprzez wydłużony kanon postaci i sprowadzenie jej do geometrycznych wzorów ornamentalnych artysta podkreśla uduchowienie i symbolikę niewi-

dzialnego i nadprzyrodzonego w przedstawieniu plastycznym. Jednocześnie w takim samym sakralnym geście wznosiła ramiona kobieta z plakatu reklamowego zachwalającego ziarnistą kawę. Z tym przejmowaniem tematu wiąże się również plastyczna wymowa plakatu, którego naturalizm jest podkreślony tym, że postać trzyma produkt jako konkretną, realną rzecz. Jest to właściwie już collage, rozsławiony z czasem przez kubistów. To paradoksalne łączenie elementów — nadziemskiego z pospolicie wulgarnym nie jest niczym niezwykłym w secesji i znajdziemy je także u poszczególnych twórców. Na przykład Holender Toorop, tworzący skomplikowane sceny mistyczne, stosował te same środki artystyczne przy projektach plakatów reklamowych oleju sałatkowego. Był to swoisty od-

187. Jan Preisler *Obraz z większego cyklu,*
1902

188. Pierre Cécile Puvis de Chavannes
Biedny rybak, 1881

dźwięk tendencji łączenia sztuki z życiem. Taki sam gest i temat znajdziemy również w utworach sławiących sensualną pełnię życia, czego przykładem pełna witalizmu fotografia Drtikola, który łączy temat orantki z tematem kuszącej Ewy, a także w rzeźbie Štursy *Ewa*.

We wszystkich przypadkach jest tu obecny jeszcze ogólniejszy wspólny element — postać kobiety jako podstawa całej secesyjnej wyobraźni. Claude Quiguer[43] wykazał, jak w literaturze i w sztukach plastycznych secesja stworzyła zamknięty, wzajemnie powiązany ikonograficzny, tematyczny i formalny system koncentrujący się na osobie kobiety, powracającej obsesyjnie w najróżniejszych postaciach. Ta wszechobecność wywodzi się z tego, że kobieta rozumiana była jako wielka metafora życia, skupiająca wszystkie jego strony i wyrażająca przede wszystkim jego tajemną, nieprzebraną, nieskończoną i wielopostaciową głębię. Obraz Klimta *Panna* jest jedną z wielkich prób ujęcia głównych cech tego centralnego symbolu secesji. Marzenie panny, któremu towarzyszy feeria czystych barw, uwolnionych od lokalnego kolorytu przedmiotu, jest także obrazem życzenia, które jako nieświadome wyrażenie osobistych pragnień było dla Freuda sednem snu. Mitologiczny wymiar secesji, jej tęsknota za powrotem do nieskażonych początków rzeczy i świata, dotyczy anamnezy, dotyczy intuicyjnego rozpamiętywania, które przekracza granice własnej, indywidualnej pamięci, i staje się narzędziem wnętrza człowieka, narzędziem zrozumienia istoty świata. U Platona, w którego filozofii pojęcie anamnezy grało szczególną rolę, rozpamiętywanie jest procesem, którym dusza pokonuje ograniczenie pamięci, będące następstwem wcielenia. Natomiast w wyobraźni secesyjnego twórcy jest funkcją, która pozwala indywidualnej artystycznej wizji ogarniać zbiorowe treści. Obraz kobiety stanowi jakiś łącznik między nimi.

Nadrzędna rola rozkoszy, wiążącej jednostkę z ogromem całokształtu życia, przynoszącej ulgę w erotycznym śnie, była okupowana także dramatycznymi i gwałtownymi przeżyciami. Najważniejszą rozkoszą dla artysty jest niewątpliwie sama twórczość, uczucie skutecznego włączenia się w bieg spraw światowych, kształtowanie świa-

189. Antonín Hudeček *Pierwsza zieleń*, 1900

ta i zwracanie się ku niemu obrazem. Symbol kobiety, który w secesji zajmował tak dominującą pozycję, nie mógł w tym sensie istnieć jedynie poza artystą, ale tkwił także bezpośrednio w nim, była to część jego samego, jego psychiki.

Dlatego i u artystów dekadencko--symbolistycznych — dla których uosobieniem niszczących, negatywnych cech kobiety była Salome, zaś wszelkie relacje między płciami uważali często za beznadziejne zmaganie — w rzeczywistości stosunek między kobietą i mężczyzną jest pełen wieloznacznej ambiwalencji. Tę niezależność lapidarnie ujął Munch w drzeworycie *Salome — Parafraza*, którym ukoronował temat, podejmowany już w drzeworycie *W mózgu mężczyzny*. W tej samej serii drzeworytów, obok *Salome — Parafraza*, znalazła się słynna grafika *Wampir*, której nazwa pochodzi od Przybyszewskiego. Od niego też Munch przejął tu ideę całkowitego zniewolenia mężczyzny. Kobieta, z twarzą ukrytą pod falami długich włosów, obramowujących całą kompozycję jakby jakimś polem magnetycznym, trzyma głowę mężczyzny przypominającą ściętą głowę Jana Chrzciciela lub głowę rozszarpanego Orfeusza. Jednak „nowoczesna" fryzura i rysy twarzy sugerują autoportret Muncha.

Jednocześnie jednak ta kobieca dominacja płodzi mężczyznę-artystę. W drzeworycie Muncha między falami włosów powstał czarny owalny kształt, który jest dosłownie łonem, symbolizującym mitologiczny regressus ad uterum. Dzięki takiemu odniesieniu do swoich początków mężczyzna-artysta zyskuje szczególną, instynktowną siłę dla swej twórczości. Sam artysta także ulega demonizacji. Łączy się z niebezpiecznymi siłami wnętrza ziemi, a w końcu imaginacyjnie zstępuje do piekieł, co sugestywnie przedstawił Munch w późniejszym autoportrecie. W ten sposób wyzwolone libido może być siłą pozytywną dającą artyście natchnienie i wzmacniającą jego twórczą potencję, lub też może przero-

dzić się w niszczącą idée fixe, prowadzącą do psychicznej nieświadomości. Może także być źródłem groteskowego humoru.

Imaginacyjne ponowne narodzenie mężczyzny-artysty, w wyniku zdominowania go przez kobietę, rodzi też nową indywidualność mężczyzny. Przedstawiciele estetyzmu i dekadentyzmu stosunkowo wcześnie znaleźli upodobanie w sztuczności pozycji artysty w tych odniesieniach, w podkreślaniu jego magicznych i estetycznych zdolności koncentracji na jego ostatecznej wyższości. Zatem nic dziwnego, że Wilde'owi czy Huysmansowi przyroda mogła wydawać się „prostacka i monotonna" w porównaniu z wyrafinowaną duszą artysty.

Rozumowanie takie, będące wyrazem myślenia dialektycznego, prowadziło do największego paradoksu ideologicznego secesji. Modelowe, „stylowo" przepracowane hasło łączenia sztuki z życiem i przepojenia estetyki przyrodą sprowadziło się do powszechnego tworzenia narcyzowatych „wewnętrznych spotkań", do głośnej

190. Claude Monet *Nenufary w Giverny*, 1917

191. Bedřich Bendlmayer,
fragment domu nr 1079
w Pradze, 1904

192. Jan Kotěra *Fantazja architektoniczna,* po 1900

„sztuki wystawowej" atelierowych „socjalistów" i — jeszcze gorzej — do totalnego dyktatu w sprawach gustu „stylowej" formuły i subiektywnej estetyki. Skłonność do estetycznej wyłączności i zdobniczego „panornamentalizmu" doczekała się jednak już niebawem krytyki. Jeszcze przed głośnym wystąpieniem Adolfa Loosa przeciwko ornamentalizmowi, ale już po Wystawie Światowej w roku 1900, a więc niemal równocześnie z pierwszym publicznym zwycięstwem Art Nouveau, zaczęła się odzywać ostra krytyka całego „Stilmacherei". Muthesius, głosiciel „funkcjonalizmu", który później na kongresie niemieckiego Werkbundu zbliżył się z van de Veldem, ogłosił w jego imieniu walkę z każdym stylem. Głoszone przez Muthesiusa żądanie standaryzacji, z pewnością o wiele bardziej odpowiadające planom nowoczesnej produkcji przemysłowej niż artystyczno-rzemieślniczemu wytwarzaniu indywidualnych lub krótkoseryjnych dzieł sztuki, w czym praktycznie ugrzązł secesyjny ruch odrodzenia sztuki użytkowej, było jednak również totalną ingerencją. Nie dotyczyła ona wprawdzie wnętrz lecz poprzestawała na zewnętrznym wyglądzie architektury; dzisiaj znane są także jej negatywne strony. W istocie jednak obydwa rozwiązania — ornamentalne i „funkcjonalne" wywodziły się właściwie ze wspólnego dążenia do odrodzenia moralnego, ze wspólnego hasła łączenia sztuki z życiem i w rzeczywistości były jedynie różnymi stadiami stopniowego uświadamiania sobie nowej artystycznej indywidualności.

Na te znaczeniowe przesunięcia w poważnej mierze oddziaływał bardzo istotny czynnik nowoczesnego życia — jego stosunek do techniki. Jeśli najdoskonalszym tworem natury jest kobieta jako rodzicielka coraz to nowych żywotów, to najlepszym wytwo-

rem mężczyzny jest chyba doskonała maszyna. Oczywiście nie trzeba z takim podziałem zadań bezwarunkowo zgadzać się, ale w sposobie myślenia opartym na przeciwieństwach taki pogląd mógł uzyskać poważny odzew.

Feministyczno-biologiczne zasady secesyjne odnoszono także do techniki. Nie chodziło przy tym jedynie o programowane zamierzenia, ale o oczywistą skłonność ówczesnej wyobraźni — właśnie w tym punkcie okazuje się historyzm secesji, sprawiający to, że stanowiła rzeczywistą dominantę całej epoki. Odnajdujemy to również w charakterystycznych obrazach tej doby. *Portret panny X* czeskiego malarza Jakuba Obrovskiego przedstawia dziewczynę ubraną w długą, powiewną, białą suknię, nawiązując tym, najprawdopodobniej już tylko podświadomie, do tradycji sławnych „białych" podobizn kobiecych czołowego przedstawiciela angielskiego estetyzmu „pięknych dusz", Whistlera. Przy tym kobieta ta siedzi na najbardziej zwyczajnym i najtańszym krześle — thonetce z wyginanego bukowego drewna. Wielkie powodzenie, jakim cieszyły się krzesła Thoneta, których modele były wystawiane już na londyńskiej Wystawie Światowej w roku 1851, było całkowicie uzasadnione. Zawdzięczały je swojemu estetycznemu wyglądowi, chociaż fabryczni projektanci nie należeli do żadnej programowej grupy twórczej i interesowali się głównie praktyczną stroną zagadnienia. Krzywizny krzesła są w tym względzie analogiczne do „czystego" ornamentu secesyjnego i zasad kształtowania formy łączonych z wyobrażeniem kobiecego ciała. W krześle Thoneta w sposób „naturalny" zjednoczyła się ideologia nowego stylu ze standaryzacją i produkcją na skalę przemysłową. Było to w istocie jedno z najbardziej skutecznych dzia-

łań wypełniających treścią hasło połączenia sztuki z życiem i ludowości kultury. Thonetka, w porównaniu z ekskluzywnymi stylowymi „świątyniami zamieszkiwania" i ich ciężkimi kompletami mebli, była prawdziwą realizacją stylowej syntezy.

Trafność rozwiązań artystycznych ujawnia jednak chwiejność form secesyjnych. Już w obrazie Obrovskiego występuje zróżnicowanie między przedmiotowością krzesła a zjawiskowością delikatnego dziewczęcego ciała. Plakaty zachęcające do zakupu roweru jeszcze bardziej natarczywie i w sposób niekiedy graniczący z wulgarnością reklamowały jego zalety. Popularność i dostępność tego środka lokomocji, w którym pisarze tej epoki, a zwłaszcza Zola, widzieli możliwość „demokratyzacji sportu" i „swobody poruszania się", dosłownie eksplodowała w latach dziewięćdziesiątych. Tak więc reklama wytrwale i z wykorzystaniem wszystkich środków, stworzyła obraz pokonujący sprzeczność między organiczną strukturą ciała a mechanizmem maszyny. Właśnie reklama swym wezwaniem do życiowej realności rozbiła zasady myślenia artystów secesyjnych, rozpętała proces, który w końcu wyszedł poza ostateczne cele koncepcji stylu. Ze świadomości młodszej generacji, która poznała rzeczywistość pierwszej wojny światowej, dotychczasowy wszechobecny obraz kobiety wyparła maszyna. Trafnie dokumentuje to collage Raoula Hausmanna, przedstawiciela powojennej awangardy dadaistycznej, sławiący „wynalazcę sztuki maszynowej" — Tatlina. W komentarzu napisał Hausmann, że chciał wywołać wyobrażenie człowieka, którego umysł opanowały tylko maszyny, cylindry silnika, hamulce, kierownica. Typowe jest, że formy maszynowych mechanizmów w żaden sposób się nie feminizują. Pozostałością starszej ideologii jest manekin krawiecki, na który nalepiono wyciętą z podręcznika anatomii reprodukcję ludzkich wnętrzności, będących „biologiczną maszyną". U podstawy manekina stoi gaśnica, symbol ogólnej zmiany artystycznych zainteresowań odejścia od witalnej żądzy tworzenia ku „racjonalnemu" konstruktywizmowi. Miało to związek ze zmianami światopoglądowymi, charakterystycznymi dla powojennej awangardy, podkreślającymi stosunek człowieka i sztuki do nowoczesnej technicznej cywilizacji.

Ocena osiągnięć i dorobku secesji zależy od tego, jak szeroko jest ona rozumiana. W późniejszym okresie widziano w niej jedynie wybrakowany odrzut stylizowanego naturalizmu, lub podnoszono narcyzowate i estetyczne strony ruchu do rangi nowego stylu. Hedonistyczny indywidualizm i pewna pseudoidealistyczna kwiecistość są rzeczywiście charakterystyczne dla znacznej części secesyjnej twórczości artystycznej, a właściwie te elementy wzbudzały największy wstręt wśród zwolenników praktycznej ekonomii, która w dziedzinie gustu przeważała po pierwszej wojnie światowej. Właściwością secesji była silna wewnętrzna sprzeczność między naturalizmem a idealizmem, która przeniknęła do ideowych sporów między symbolistami a impresjonistami, między tymi, którzy podkreślali raczej wyjątkowy charakter sztuki, a tymi, którzy głosili, że sztuka ma służyć uszlachetnianiu ludu. Secesji nigdy nie udało się rozwiązać w pełni problemu tak zwanego przemysłu artystycznego i zlikwidować dysproporcji pomiędzy artystyczno-rzemieślniczą praktyką a teoretycznym uznaniem konieczności i potrzeby przemysłowej produkcji wielkotowarowej.

Jednocześnie główna idea secesji — zespolenie sztuki z życiem — przerastała wszystkie te braki i wywarła wpływ na cały dalszy rozwój nowoczesnej kultury. Samo pojęcie życia nie było przy tym jednoznacznie interpretowane i mogło być widziane w różnych przejawach i odbierane na różnych poziomach poglądowej abstrakcji. Program nowego stylu w sztuce użytkowej i w architekturze był najokazalszą fasadą secesji, niezależnie od mody twórcy prowadzili rzetelną i odpowiedzialną działalność artystyczną.

Podczas, gdy stylowy ornamentalizm patetycznie rościł sobie prawo do odro-

193. Jan Preisler, ilustracja do eseju O. Březiny *Rozmyślania o pięknie i sztuce*, 1902

dzenia kultury i środowiska człowieka, docierając symbolami kosmogonicznej spekulacji aż do samych podstaw żywota, a dekadentyzm na tym tle nakreślił dramatyczne profile indywidualnych losów, nie brakowało również twórczości mniej głośnej, w której jednak koncentrowały się najważniejsze treści secesyjnej syntezy. Takim reprezentatywnym dziełem był *Biedny rybak* Puvisa de Chavannes negatywnie przyjęty przez krytykę, wytykającą mu niezrozumiałość pomysłu i bezbarwność. Artysta odpowiadał, że chciał przedstawić ubóstwo i biedę rybaka i jego dzieci. Obraz ten wyraża jednak znacznie więcej niż tylko społeczne współczucie. Postać rybaka, pokornie czuwającego nad zanurzoną siecią jest wieloznacznym symbolem. Tutaj występuje również temat postaci w krajobrazie, której szeroko rozlana woda nadaje jakieś prastare znaczenie. To, co wpadnie w sieci rybaka jest darem życia wody i ma zostać cierpliwie wydobyte z głębin, tak jak twórca ma wydobyć

swoje dzieło artystyczne z głębin kontemplacji życia. Dzieci zbierające na brzegu kwiaty dopełniają symboliki obrazu Puvisa. Obraz ten wywodzi się z charakterystycznych dla ówczesnych twórców poszukiwań odtwarzania stosunku pomiędzy ludzką świadomością a nieświadomością świata. Ponoć reprodukcję obrazu Puvisa zawiesił nad swoim łóżkiem Gauguin, Seurat wykonywał jego szkice, a jeszcze młody Picasso pozostawał pod jego wrażeniem.

Powierzchnia wody u Puvisa jest gładka jak zwierciadło, nie przecinają jej fale. Zupełnie niezależnie od Puvisa, choć w podobny sposób, Claude Monet, czysty sensualista, w swoich późnych „wodnych obrazach" malowanych w Giverny odnalazł metaforyczne znaczenie powierzchni wody. U niego w odblaskach wody odbija się niebo i przesuwają chmury, ale także prześwitują łodygi wodnych roślin, z których wyrastają kwiaty nenufarów. Cykl *Nenufarów* Moneta, umieszczonych po jego śmierci w paryskiej Oranżerii, ukazał pragnienie secesyjnego artysty do stworzenia poprzez swoje dzieło jakiejś drugiej przyrody, która jednak nie tylko naśladowałaby zjawiska przyrody, ale także określiła ich stosunek do człowieka, zjawiska świata niezmierzonego, a pomimo tego przystępnego. Rozwiązanie Moneta było na swój spo-

194. Alfons Mucha,
plakat *XXme Exposition du
Salon des Cents*, 1896

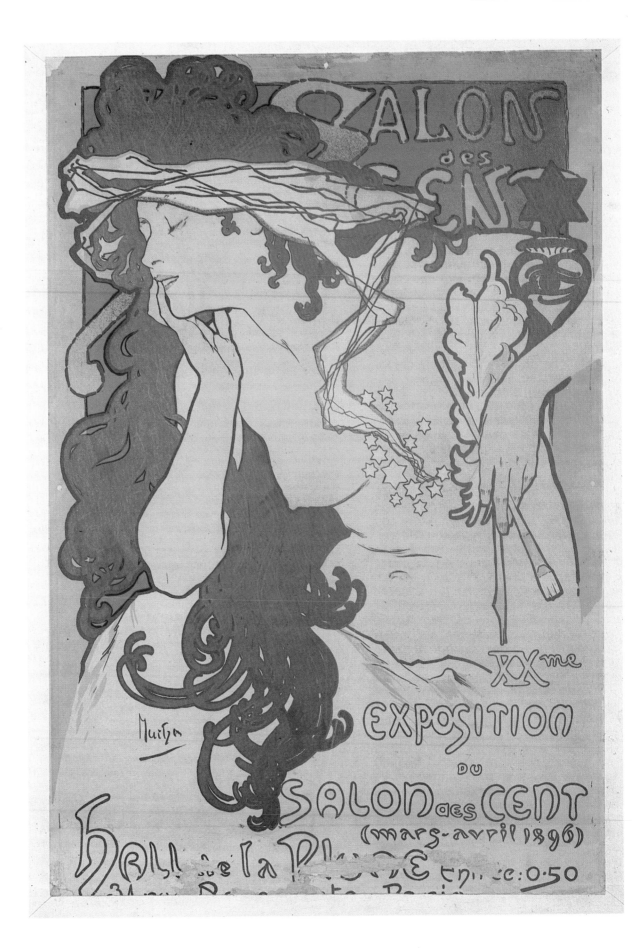

202

lungstheorien in der Biologie des XIX. Jahrhunderts. Leipzig 1909).

[26] Henry van de Velde Linie. Essays. Leipzig 1910.

[27] Lewis Mumford The Culture of Cities. London 1938. Lewis Mumford The City in History, Its Origins, Its Transformations and Its Prospects. New York 1961.

[28] Walter Benjamin Zu einigen Motiven bei Baudelaire. Studium na podstawie książki Illuminationen, „Ausgewählte Schriften" I, Frankfurt a. Main 1961.

[29] Omówienia pojęć historyzmu i eklektyzmu w odniesieniu do teorii architektury w XIX wieku dokonał Klaus Döhmer In welchem Style sollen wir bauen? [w:] Architekturtheorie zwischen Klassizismus und Jugendstil. München 1976.

[30] Francis Strauven L'anarchisme à nos portes. Katalog wystawy Art Nouveau Belgique, Europalia 80. Société des Expositions, Palais des Beaux-Arts, Bruxelles 19. 12. 1980 — 15. 2. 1981, s. 121 n.

[31] Phillip Dennis Cate „La Plume" and its „Salons des Cent", Promoters of Posters and Prints in the 1890's. „Print Review" 8, 1978, s. 61 n.

[32] Julius Meier-Graefe Vincent van Gogh. München 1910. Julius Meier-Graefe Vincent: Der Roman eines Gottsuchers. München 1921, 1925.
Odnośnie stosunku Meier-Graefa do van Gogha patrz: Kenworth Moffett Meier-Graefe as Art Critic. München 1973, s. 124 n.

[33] Frans Boenders Mascarade. À propos de Fernand Khnopff. Katalog wystawy Fernand Khnopff, 1858—1921. Paris, Musée des Arts Décoratifs, 10 octobre — 31 décembre 1979, s. 75 n. O masce również Philippe Jullian Mythen und Phantasmen. Berlin 1979, s. 137 n.

[34] Philippe Jullian, jw., s. 250.
[Przeł. z francuskiego Halina Andrzejewska.]

[35] Patrz Otto Pächt Zur Frage des geistigen Eigentums im bildkünstlerischen Schaffen. Methodisches zur kunsthistorischen Praxis. München 1977, s. 165 n.

[36] Tak określa znaczenie alegorii Kupki Meda Mladeková w katalogu wystawy František Kupka, 1871—1957. A Retrospective. The Solomon R. Guggenheim Museum, New York 1975, s. 42.

[37] Philippe Jullian, jw., s. 244.
[Przeł. z francuskiego Halina Andrzejewska.]

[38] Gösta Svenaeus Edvard Munch. Im männlichen Gehirn I. Lund 1973, s. 129.

[39] Miloš Marten Edvard Munch. Praha 1905, s. 15.

[40] Werner Hofmann Einschränkende Bemerkungen. Zur Austellung „Zeugnisse der Angst". Darmstadt 1963 [w:] Bruchlinien, Aufsätze zur Kunst des 19. Jahrhunderts. München 1979, s. 128 n.

[41] Na ciągłość wyobrażeń Kupki w Rytmie historii i w Wiejących błękitach wskazała Ludmila Vachtová (František Kupka. Praha 1968, s. 144).

[42] O analogiach między mitologiczną kosmogonią a nowoczesną sztuką patrz Mircea Eliade Aspects du Mythe. Paris 1963, s. 92 n.

[43] Claude Quiguer Femmes et machines de 1900. Lecture d'une obsession Modern Style. Paris 1979.

Od Wydawnictwa

Secesia Petra Wittlicha nie jest jeszcze jedną, kolejną monografią kierunku, przedstawiającą kompletny, odpowiednio usystematyzowany materiał faktograficzny. Ta bardzo osobista książka wprowadza raczej w klimat epoki, sposoby myślenia i obrazowania, podstawowe problemy i tematy. Nic też dziwnego, że autor swobodnie dobiera przykłady, nie dbając o proporcje i nie uwzględniając całej „geografii" kierunku. Czytelników pragnących uzupełnić ten obraz odsyłamy do kilku podstawowych wydawnictw, które ukazały się w języku polskim.

Tadeusz Dobrowolski Sztuka Młodej Polski. Warszawa 1963.
Anna Gradowska Sztuka Młodej Polski. Warszawa 1984.
Irena Huml Polska sztuka stosowana XX wieku. Warszawa 1978.
Stephan Tschudi Madsen Art Nouveau. Przekł. z angielskiego J. Wiercińska. Warszawa 1977.
Mieczysław Wallis Secesja. Wyd. 2. Warszawa 1974.
Janina Wiercińska Sztuka i książka. Warszawa 1986.

Il. na str. 1
William Morris *Flora*. Tkanina, 300 × 210 cm.
Manchester, The Whitworth Art Gallery.
Il. na str. 3
Alfons Mucha, plakat *Księżniczka Hyacinta*, 1911.
Litografia barwna, 130 × 100 cm. Praga, Umělec- ·
koprůmyslové muzeum.
Il. na str. 4
Alfons Mucha, plakat *Księżniczka Hyacinta*, fragment.

1. Edouard Manet *Widok Wystawy Światowej w roku 1867*, 1867. Olej, 108 × 196 cm. Oslo, Nasjonalgalleriet.
2. Edouard Manet *Śniadanie w pracowni*, 1868—1869. Olej, 118 × 153 cm. Monachium, Bayerische Staatsgemäldesammlungen.
3. Edouard Manet *Śniadanie w pracowni*, fragment.
4. Karykatura Edouarda Maneta zamieszczona w czasopiśmie „L'Eclipse", 14. 5. 1876.
5. Maxmilien Pirner *Pomocnicy naiwności i mistrzostwa*, po 1894. Olej. Obraz zaginiony.
6. Auguste Rodin *Wiek spiżu*, 1876. Brąz, wys. 175 cm. Praga, Národní galerie.
7. Auguste Rodin *Wiek spiżu*, fragment.
8. Edouard Manet *Bar w Folies-Bergère*, 1882. Olej, 96 × 130 cm. Londyn, Courtauld Collection.
9. Théodore Rousseau *Most pod Meudon*, 1833. Olej, 81 × 101 cm. Praga, Národní galerie.
10. Narcisse Virgile Diaz de la Peña *Pejzaż z drzewami na horyzoncie*, po 1850. Olej, 19 × 38,5 cm. Liberec, Oblastní galerie.
11. Charles François Daubigny *Zatoka*, 1864. Olej, 51 × 82 cm. Liberec, Oblastní galerie.
12. Antoine Chintreuil *Przestrzeń*, 1869. Olej, 36 × 70,5 cm. Praga, Národní galerie.
13. Anton Chittussi *Lásenicki staw*, około 1886. Olej, 32 × 46 cm. Praga, Národní galerie.
14. Otto Modersohn *Jesień na torfowisku, 1895. Olej, 80 × 150 cm. Brema, Kunsthalle.*
15. *Vojtěch Preissig Wieś z drzewami*, około 1900. Akwaforta, 79 × 53,5 cm. Praga, Národní galerie.
16. Alois Kalvoda *Grupa olch*, 1897. Olej, 143 × 99 cm. Brno, Moravská galerie.
17. Antonín Hudeček *Jesienny wieczór*, 1901. Olej, 100 × 120 cm. Praga, Národní galerie.
18. Otakar Lebeda *Jesień*, 1897. Syntonos, 71 × 106 cm. Ostrava, Galerie výtvarného umění.
19. Jakub Schikaneder *Zmierzch*, 1909. Olej, 84 × 109 cm. Karlovy Vary, Galerie umění.
20. Gustave Courbet *Dama z Frankfurtu*, 1858—1859. Olej, 104 × 140 cm. Kolonia, Wallraf-Richartz Museum.
21. Jean Baptiste Camille Corot *Safona*, około 1870. Litografia, 39,8 × 48 cm. Praga, Národní galerie.
22. Paul Gauguin *Świerszcze i mrówki*, 1889. Cynkografia, 20 × 26,2 cm. Praga, Národní galerie.
23. Pierre Cécile Puvis de Chavannes *Studium do obrazu Jesień*, przed 1864. Olej, 52 × 42 cm. Praga, Národní galerie.
24. Vojtěch Hynais *Piknik*, 1889. Olej, 61 × 93 cm. Praga, Národní galerie.
25. Max Švabinský *Letni dzień*, 1906. Akwaforta, 28 × 24,2 cm. Praga, Národní galerie.
26. Max Švabinský *Niepłodny kraj*, 1900. Olej, 179 × 246 cm. Praga, Národní galerie.
27. Heinrich Vogeler *Wiosna*, 1896. Akwaforta, 34,7 × 24,7 cm. Praga, własność prywatna.
28. Max Klinger *Pole żyta (Odpoczywająca Psyche)*, 1880. Akwaforta, 7,2 × 14,4 cm. Praga, własność prywatna.
29. Antonín Hudeček *Wieczorna cisza*, 1900. Olej, 120 × 180,5 cm. Praga, Národní galerie.
30. Karel Purkyně *Obłoki*, 1865—1867. Olej, 36,5 × 26,5 cm. Praga, Národní galerie.
31. Auguste Rodin *Myśliciel*, 1880. Brąz, 200 × 130 × 140 cm. Paryż, Musée Rodin.
32. Josef Schusser *Majowy wieczór*, 1897. Olej, 91 × 125 cm. Praga, Národní galerie.
33. Vojtěch Preissig *Na balkonie*, 1904. Akwaforta barwna, 23,4 × 18 cm. Praga, Národní galerie.
34. Jan Preisler *Wiosna*, 1900. Olej, 120 × 70, 120 × 186, 120 × 70 cm. Pilzno, Západočeská galerie.
35. Jan Preisler *Wiosenny wieczór*, 1898. Olej, 35 × 71 cm. Praga, Národní galerie.
36. František Kobliha *Majowa noc*, 1911. Drzeworyt, 27 × 22,5 cm. Praga, Národní galerie.
37. Eugène Boudin *Droga w Villers*, 1895. Olej, 36 × 58,5 cm. Liberec, Oblastní galerie.
38. Alfred Sisley *Śluza w Moret*, 1882. Olej, 54 × 72,5 cm. Praga, Národní galerie.
39. Camille Pissarro *Sad w Val Hermé*, 1880. Olej, 54 × 65 cm. Praga, Národní galerie.
40. Claude Monet *Damy w Kwiatach*, 1875. Olej, 54 × 65 cm. Praga, Národní galerie.
41. Claude Monet *Boulevard des Capucines*, 1873. Olej, 61 × 80 cm. Moskwa, Muzeum im. Puszkina.
42. Edgar Degas *Tancerka*, 1882—1891. Brąz, wys. 36,1 cm, Praga, Národní galerie.
43. Etienne Jules Marey *Skaczący mężczyzna*, około 1882. Fotografia. Paryż. Cinémathèque française.
44. Georges Seurat *La Maria w Honfleur*, 1886. Olej, 53 × 63,5 cm. Praga, Národní galerie.
45. Paul Gauguin, projekt talerza, 1889. Cynkografia 20,5 × 20,5 cm. Praga, Národní galerie.
46. Vincent van Gogh *Zielone żyto*, 1889—1890. Olej, 74 × 92,5 cm. Praga, Národní galerie.
47. Otto Eckmann (szkoła), lichtarz, około 1900. Brąz i marmur, wys. 14,5 cm. Praga, własność prywatna.
48. Henry van de Velde, lichtarz, 1898—1899. Brąz posrebrzany, wys. 58,5 cm. Bruksela, Musées Royaux d'Art et d'Histoire.
49. Ernest Haeckel *Desmidiea*, plansza nr 6. Kunstformen der Natur, Leipzig 1914.
50. Emile Gallé, wazon, po 1900. Szkło barwne, wys. 18,5 cm. Praga, Uměleckoprůmyslové muzeum.
51. František Kupka *Fala*, 1903. Olej, 100 × 146 cm. Ostrawa, Galerie výtvarného umění.
52. Wazon wykonany w hucie szkła Loetz, Klášterský Mlýn (Czechosłowacja), około 1900. Szkło iryzujące, wys. 38 cm. Praga, Uměleckoprůmyslové muzeum,

53. Wazon wykonany w hucie szkła Loetz, Klášterský Mlýn (Chechosłowacja), około 1900. Szkło iryzujące, wys. 19,5 cm. Praga, Uměleckoprůmyslové muzeum.

54. Elie Gallé, wazon, 1900. Szkło barwne, wys. 18 cm. Praga, Uměleckoprůmyslové muzeum.

55. Claude Monet *Katedra w Rouen, portal i wieża Saint-Romain w pełnym świetle. Harmonia w bieli i złocie*, 1894. Olej, 107 × 73 cm. Paryż, Jeu de Paume.

56. Henry van de Velde *Souper* — winieta karty potraw, około 1895. Drzeworyt.

57. Anton Chittussi *Quai de la Conférence w Paryżu*, 1881. Olej. 113 × 181,5 cm. Praga, Národní galerie.

58. Angon Chittussi *Quai de la Conférence w Paryżu*, fragment.

59. Paul Helleu *Portret damy w boa*, około 1900. Sucha igła, 54 × 33,5 cm. Praga, Národní galerie.

60. Luděk Marold *Paryżanka*, około 1897. Akwarela, 44 × 30,5 cm. Praga. Národní galerie.

61. Luděk Marold *Dama przy stoisku*, około 1895. Akwarela, 35 × 45 cm. Praga, Národní galerie.

62. Félix Buhot *Zima w Paryżu*, 1879. Akwaforta. Praga, własność prywatna.

63. Antonín Slavíček *Mariánské náměstí*, 1906. Olej, 109 × 131 cm. Praga, Národní galerie.

64. Antonín Slavíček *Drewniany most nad Štvanicą*, 1906. Olej, 26,5 × 35,5 cm. Praga, Národní galerie.

65. Antonín Slavíček *Most Elżbiety*, 1906. Olej, 145 × 193 cm. Praga, Národní galerie.

66. Medardo Rosso *Impresja z omnibusu*, 1883—1884. Fotografia. Praga, własność prywatna.

67. Medardo Rosso *Impresja z omnibusu*, 1883—1884. Fotografia rzeźby. Praga, własność prywatna.

68. Medardo Rosso *Impresja — bulwar w nocy*, 1892. Fotografia rzeźby. Praga, własność prywatna.

69. Medardo Rosso *Kobieta w welonie*, 1893. Fotografia rzeźby. Praga, własność prywatna.

70. Victor Horta, klatka schodowa domu profesora Tassela w Brukseli, rue Paul-Émile Janson 6, 1893.

71. Louis Majorelle i bracia Mercier, kredens, 1900. Drewno intarsjowane i mosiądz, 239 × 145 cm. Praga, Uměleckoprůmyslové muzeum.

72. Louis Majorelle i bracia Mercier, kredens, detal.

73. Vojtěch Hynais, plakat *Taussig's Violetta Unica*, 1900. Litografia barwna, 90 × 62 cm. Praga, Uměleckoprůmyslové muzeum.

74. Atelier Bronec, Praga, *Jesień*, witraż według projektu Alfonsa Muchy, około 1900. Szkło barwne ryte i trawione, 93 × 58 cm. Praga, Uměleckoprůmyslové muzeum.

75. Alfons Mucha, plakat reklamujący bibułkę do papierosów firmy „Job", 1898. Litografia barwna, 66 × 44 cm. Praga, Uměleckoprůmyslové muzeum.

76. Jan Kotěra, fragment domu Peterki w Pradze, 1899.

77. Kamea przedstawiająca głowę dziewczyny, około 1900. Opal, złoto, selenit, perły, al-

mandyny, akwamaryny, rubiny i szafiry, 8,9 cm. Turnov, Szkoła Sztuki Zdobniczej.

78. Oprawa książki, Praga, po 1900. Skóra barwiona i złocona. Praga, Uměleckoprůmyslové muzeum.

79. Talerz z dekoracją ornamentalną, Czechy, po 1900. Porcelana, 23 × 14,5 cm. Praga, własność prywatna.

80. Max Švabinský *Paryski portret Ely*, 1898, fragment. Rysunek piórkiem, 80 × 67 cm. Praga, Zbiory Praskiego Zamku.

81. Emil Orlik, plakat perfumerii Gottlieba Taussiga, 1897. Litografia barwna, 77 × 49. Praga, Uměleckoprůmyslové muzeum.

82. Karel Šimůnek, plakat reklamujący praskie rękawiczki Engelmüllera, 1899. Litografia barwna, 100 × 67 cm. Praga, Uměleckoprůmyslové muzeum.

83. Sygnowany T. M., plakat reklamujący konfekcję Františka Frimla, po 1900. Litografia barwna, 110 × 81,5 cm. Praga, Uměleckoprůmyslové muzeum.

84. František Anýž, sztućce, przed 1903. Srebro i stal, 26,5, 20, 11,6 cm. Hradec Králové, Krajské muzeum.

85. Alfons Mucha *Documents décoratifs*, plansza 54, 1902. Ołówek, tusz, 50,3 × 39,1 cm. Praga, Národní galerie.

86. Alfons Mucha *Documents décoratifs*, plansza 64, 1902. Ołówek, biel, 53 × 42 cm. Praga. Národní galerie.

87. Alfons Mucha *Documents décoratifs*, plansza 61, 1902. Ołówek, biel, 52,2 × 39 cm. Praga. Národní galerie.

88. Wazon z motywem krajobrazowym, Czechy, po 1900. Brąz, wys. 19 cm. Praga, własność prywatna.

89. Podstawka do piór z ozdobą figuralną, Czechy, po 1900. Mosiądz, wys. 11 cm. Praga, zbiór prywatny.

90. Misa z dekoracją roślinna i figuralną produkcji Württenbergische Metallwarenfabrik, Geislingen (Niemcy), około 1900. Cyna, 33,5 × 29,6 cm. Praga, Uměleckoprůmyslové muzeum.

91. Emanuel Novák i uczniowie, kałamarz, po 1900. Mosiądz, wys. 10 cm. Praga, Uměleckoprůmyslové muzeum.

92. Vojtěch Preissig *Kwiat lilii*, 1898. Akwarela, 15,1 × 13,9 cm. Praga, Národní galerie.

93. Oprawa książki, Praga, około 1905. Skóra złocona i barwiona. Praga, Uměleckoprůmyslové muzeum.

94. Victor Oliva, oprawa książki, 1898. Płótno z kolorowym nadrukiem, 18 × 14 cm. Praga, własność prywatna.

95. Vojtěch Preissig, bordiury ozdobne do książki *Broučci (Chrząszczyki)*, 1902. Rysunek tuszem, 36,5 × 25 × 5 cm. Praga, Uměleckoprůmyslové muzeum.

96. Vojtěch Preissig *Dziewczyna w krajobrazie*, 1899. Akwaforta barwna, 31,5 × 19,1 cm. Praga, Národní galerie.

97. Vojtěch Preissig *Czytająca*, około 1900. Akwaforta barwna, 31,8 × 19,2 cm. Praga, Národní galerie.

98. Ladislav Šaloun, rzeźba figuralna na fasadzie Dworca Głównego w Pradze, 1909.

99. Josef Fanta, Dworzec Główny w Pradze, 1900—1909.

100. Wazon z reliefowym zdobieniem wykonany w hucie szkła Loetz, Klášterský Mlýn (Czechosłowacja), około 1900. Szkło iryzujące, wys. 17 cm. Czeskie Budziejowice, Jihočeské muzeum.

101. Lampa stołowa wykonana w hucie szkła Králík, Lenora (Czechosłowacja), około 1900. Szkło warstwowe (powlekane), 43 cm. Czeskie Budziejowice, Jihočeské muzeum.

102. Antonín Balšánek, Oskar Polívka, Miejski Dom Reprezentacyjny w Pradze, fragment markizy, 1911.

103. Antonín Balšánek, Oskar Polívka, Miejski Dom Reprezentacyjny, fragment fasady.

104. Louis Comfort Tiffany, dwa wazony, około 1900. Szkło iryzujące. Praga, Uměleckoprůmyslové muzeum.

105. Hector Guimard, wejście do stacji metra w Paryżu, około 1900.

106. Charles Rennie Mackintosh, krzesło z wysokim oparciem wykonane dla kawiarni przy ul. Argyle, około 1897. Dąb ciemno bejcowany, wys. 136 cm. Londyn, Sotheby's.

107. Emil Holárek *Nauka nieuświadomionych*, 1900. Tusz, 50 × 35 cm. Praga, Národní galerie.

108. Plakat reklamujący cykorię Kolba, Czechy, po 1900. Litografia barwna, 109,5 × 84 cm. Praga, Uměleckoprůmyslové muzeum.

109. Plakat reklamujący czekoladę Jordan et Timaeus, Austria, po 1900. Litografia barwna, 86 × 52 cm. Praga, Uměleckoprůmyslové muzeum.

110. František Hering, plakat reklamujący jogurt, 1912. Litografie barwna, 110 × 78 cm. Praga, Uměleckoprůmyslové muzeum.

111. Jarslav Bartošek, plakat, po 1900. Linotyp barwny, 70 × 102 cm. Uměleckoprůmyslové muzeum.

112. Félix Vallotton *Uliczni śpiewacy*, 1893. Litografie, 21,5 × 31,6 cm. Praga, Národní galerie.

113. Luděk Marold *Pan i pani*, około 1895. Akwarela, 35 × 21,5 cm. Praga, Národní galerie.

114. Luděk Marold *Pocałunek pod parasolką*, około 1895. Olej, 38,5 × 30 cm. Praga, Národní galerie.

115. Karel Špillar *W kawiarni*, 1904. Olej, 54 × 65 cm. Praga, Národní galerie.

116. Beneš Knüfer *Spotkanie na przystanku tramwajowym*, 1890—1900. Olej, 18 × 26 cm. Praga, Národní galerie.

117. Karel Myslbek *Wypadek na budowie*, 1909. Olej, 181,5 × 196 cm. Praga, Národní galerie.

118. Tavík František Šimon *Na wietrze nad morzem*, 1907. Akwaforta, 24,5 × 31,5 cm. Praga. Národní galerie.

119. Henri de Toulouse-Lautrec *Dwie kobiety tańczące walca (W Moulin Rouge)*, 1892. Olej, 93 × 80 cm. Praga, Národní galerie.

120. Henri de Toulouse-Lautrec *Mlle Cha-U-Ka-O*, 1896. Litografia barwna, 52,5 × 40 cm. Praga, Národní galerie.

121. Vincent van Gogh *U progu wieczności*, 1890.

Olej, 81 × 65 cm. Otterloo, Rijksmuseum Kröller-Müller.

122. Max Klinger *Los* („Integer vitae . . ."), 1885—1900. Akwaforta, 39,2 × 29,7 cm. Praga. Národní galerie.

123. Fernand Khnopff *Tajemnica*, 1902. Pastel, 27,8 × 49,5 cm. Brugia, Musée Groeningen.

124. James Ensor *Maski*, 1889. Olej. Antwerpia, Musée Royal des Beaux-Arts.

125. František Kupka *Zagadka życia*, 1894. Węgiel. Praca zaginiona.

126. František Bílek *Jak nam czas rzeźbi zmarszczki*, 1902. Węgiel, 132,5 × 155,2 cm. Praga, Galerie hlavního města Prahy.

127. Gustav Klimt *Filozofia*, 1900. Olej. Praca zniszczona.

128. Odilon Redon *Szaleństwo*, 1882. Litografia, 31,4 × 45 cm. Praga, Národní galerie.

129. Odilon Redon *Maska bijąca w dzwon pogrzebowy*, 1882. Litografia, 45 × 31,4 cm. Praga, Národní galerie.

130. Odilon' Redon *Oko jako osobliwy balon zmierza ku nieskończoności*, 1882. Litografia, 45 × 31,5 cm. Praga, Národní galerie.

131. Odilon Redon *Klątwa*, 1894. Litografia, 35,9 × 22,6 cm. Praga, Národní galerie.

132. Jean Véber *Bajkowy motyw (Domy mają oczy)*, przed 1900. Litografia, 28 × 36,2 cm. Praga, Národní galerie.

133. Jean Véber *Bitwa dam*, 1896. Litografia, 44,5 × 61,5 cm. Praga, Národní galerie.

134. Félicien Rops *Dama z prosięciem*, 1896. Akwaforta i akwatinta barwne, 68 × 44 cm. Praga, Národní galerie.

135. Ludvík Kuba *Szkoła malarstwa*, 1900. Olej, 46 × 40 cm. Hradec Králové, Krajská galerie.

136. Jan Preisler, rysunek do *Wiosny*, 1900. Węgiel, 61,6 × 45,5 cm. Praga, własność prywatna.

137. Henri de Toulouse-Lautrec *Myjąca się kobieta*, 1896. Litografia barwna, 52 × 40 cm. Praga, Národní galerie.

138. Tavík František Šimon *Reminiscencje*, około 1900. Akwaforta, 19,7 × 19,7 cm. Praga, Národní galerie.

139. Josef Jakší *Ścięcie Jana Chrzciciela*, po 1900. Olej, 197 × 107 cm. Vodňany, Městské muzeum a galerie.

140. Gustav Klimt *Judyta*, 1901. Olej, złoto, 100,5 × 53,5 cm. Ostrawa, Galerie výtvarného umění.

141. Jan Štursa *Dojrzewanie*, 1905. Brąz, wys. 73 cm. Praga, Národní galerie.

142. Aubrey Beardsley *Mrs. Patric Campbell*. Rysunek tuszem, 33,2 × 21,3 cm. Berlin, Kupferstichkabinet und Sammlung der Zeichnungen.

143. Aubrey Beardsley *J'ai baisé ta bouche, lokanaan*, 1893. Tusz, akwarela, 27,7 × 14,7 cm. Princeton, Beardsley Collection, Princeton University Library.

144. Jan Zrzavý *Kleopatra*, 1945—1961. Tempera, złoto, 21 × 18,5 cm. Praga, Národní galerie.

145. Ladislav Šaloun *Maszkaron*, 1910. Niezachowany.

146. Alfred Liebing, Ex libris K. J. Obratila, po 1900. Akwaforta barwna, 20 × 11,5 cm. Praga, własność prywatna.

147. Edvard Munch *W mózgu mężczyzny*, 1897. Drzeworyt, 37,2 × 56,7 cm. Oslo, Oslo Kommunes Kunstsamlinger, Munch-Museet.

148. Paul Gauguin *Urna — autoportret*, 1889. Ceramika polichromowana. Kopenhaga, Det Danske Kunstindustrimuseet.

149. Jan Preisler *Jeździec na czarnym koniu*, 1904. Olej, 27 × 35 cm. Praga, własność prywatna.

150. Gustave Moreau *Orfeusz*, 1865. Olej, 154 × 100 cm. Paryż, Luwr.

151. Edvard Munch *Urna*, 1896. Litografia, 46 × 26,5 cm. Oslo, Oslo Kommunes Kunstsamlinber, Munch-Museet.

152. František Bílek *Byś uświęcił w nas swoją istotę*, 1900. Czarna kreda, 83 × 51,5 cm. Chýnov, Bílkova vila.

153. František Bílek *Głowa Ukrzyżowanego*, 1898. Gips, wys. 30 cm. Chýnov, Bílkova vila.

154. František Bílek *Ukrzyżowanie*, 1899. Drewno, 145 × 58 cm, Praga, Národní galerie.

155. František Kobliha *Sfinks*, 1909. Drzeworyt, 20 × 14,2 cm. Praga, Památník národního písemnictví.

156. František Kobliha *Podmorskie puszcze*, 1909. Drzeworyt, 20,7 × 15,2 cm. Praga, Památník národního písemnictví.

157. Ladislav Šaloun *Rabbi Löw*, 1910. Kamień, wielkość nadnaturalna. Praga. Náměstí primátora Vacka.

158. Auguste Rodin *Balzac*, 1898. Brąz, wys. 300 cm. Praga, Národní galerie.

159. Walter Crane, ilustracja do książki *Flora Feast*. Akwarela, czasopismo „Die Graphischen Künste", XX, Wien 1897, s. 77.

160. František Kupka *Gwiżdżę na strajkujących*, z cyklu *Pieniądze*, 1901. Tusz, akwarela, atrament, 45 × 39 cm. Praga, Národní galerie.

161. František Kupka *Pluralistyczne prawo wyborcze w Belgii*, 1904. Tusz, akwarela, 43,6 × 37,2 cm. Praga. Národní galerie.

162. František Kupka *Rytm historii*, około 1905. Węgiel, tusz, 31 × 38,6 cm. Praga, Národní galerie.

163. William Blake *Kochankowie w wirze wiatru*, 1824—1827. Drzeworyt, 23,5 × 33 cm. Archibald G. P. Russel *The Engravings of William Blake*. London 1912, ryc. 23.

164. Edvard Munch *Kochankowie w falach*, 1896. Litografia, 31 × 41,5 cm. Oslo Kommunes Kunstsamlinger, Munch-Museet.

165. Edvard Munch *Salome* (paragraza), 1889. Drzeworyt, 40 × 25 cm. Oslo Kommunes Kunstsamlinger. Munch-Musset.

166. Edvard Munch *Krzyk*, 1893. Pastel, tempera, olej, 91 × 73,5 cm. Oslo, Nasjonalgalleriet.

167. František Bílek, plakat wystawy prac własnych, 1908. Litografia, 166 × 90 cm. Praga, Uměleckoprůmyslové muzem.

168. František Bílek *Zdumienie*, 1907. Drewno, wys. 307 cm. Praga, Galerie hlavního města Prahy.

169. Paul Gauguin *Sąd Parysa*, 1903. Olej, 26 × 46 cm. Praga, Národní galerie.

170. Henri Rousseau *Autoportret*, 1890. Olej, 146 × 113 cm. Praga, Národní galerie.

171. Josef Hoffmann, projekt tapety, po 1910. Tusz, 30,2 × 19,5 cm. Praga, Národní galerie.

172. Jan Konůpek *Medytacja*, 1909. Tusz, 49,4 × 37,4 cm. Praga, Národní galerie.

173. František Kupka *Wiejące Błękity II*, 1922—1936. Olej, 118 × 112 cm. Praga, Národní galerie.

174. Richard Luksch, relief dekoracyjny na domu przy ulicy Kaprova v Pradze, około 1910. Ceramika barwnie glazurowana, wielkość nadnaturalna.

175. Gustav Klimt *Dziewica*, 1913. Olej, 192 × 200 cm. Praga, Národní galerie.

176. František Drtikol *Przegięty akt z jabłkiem*, po 1910. Fotografia, 26,8 × 23,2 cm. Praga, Uměleckoprůmyslové muzeum.

177. Jan Štursa *Ewa*, 1908. Brąz, wys. 190 cm. Praga, Národní galerie.

178. Ladislav Šaloun *Diabeł i Katarzyna*, 1917. Marmur, wys. 51 cm. Hořice, Galerie plastik, uměleckohistorická expozice Městského muzea.

179. Auguste Rodin *Fugit Amor*, 1880—1882. Marmur, 50 × 71 × 35 cm. Paryż, Luwr.

180. Jaroslav Panuška *Sen wariata*, 1900, Węgiel, 21,3 × 14,6 cm. Hluboká, Alšova jihočeská galerie.

181. Alfred Kubín *Rajska idylla*, około 1910. Tusz, 31,7 × 19,7 cm. Praga, Národní galerie.

182. Jakub Obrovský *Portret dziewczyny*, 1906. Olej, 151 × 151 cm. Brno, Moravská galerie.

183. Jakub Schikaneder *Siedząca kobieta*, 1909—1910. Olej, 121,5 × 150 cm. Praga, Národní galerie.

184. Plakat reklamujący rowery Dürkoppa Diana, Austria, około 1900. Litografia barwna, 75 × 55 cm. Praga Uměleckoprůmyslové muzeum.

185. Fritz Schoen, plakat reklamujący rowery Dürkoppa, Diana, po 1900. Litografia barwna, 75 × 55 cm. Praga, Uměleckoprůmyslové muzeum.

186. Plakat reklamujący kawę velimską. Czechy. Litografia barwna, 83 × 53 cm. Praga, Uměleckoprůmyslové muzeum.

187. Jan Preisler *Obraz z większego cyklu*, 1902. Olej. 102,5 × 157 cm. Praga, Národní galerie.

188. Pierre Cécile Puvis de Chavannes *Biedny rybak*, 1881. Olej. 157 × 191 cm. Paryż, Luwr.

189. Antonín Hudeček *Pierwsza zieleń*, 1900. Olej, 101 × 101 cm. Praga, Národní galerie.

190. Claude Monet *Nenufary w Giverny*, 1917. Olej, 100 × 200 cm. Nantes, Musée des Beaux-Arts.

191. Bedřich Bendlmayer, fragment domu nr 1079 w Pradze, 1904.

192. Jan Kotěra *Architektoniczna fantazja*, po 1900. Tusz. Praca zaginiona.

193. Jan Preisler, ilustracja do eseju O. Březiny *Rozmyślania o pięknie i sztuce*, 1902. Węgiel, biel, 32 × 51 cm. Praga, własność prywatna.

194. Alfons Mucha, plakat *XXme Exposition du Salon des Cents*, 1896. Litografia barwna, 61 × 42 cm. Praga, Uměleckoprůmyslové muzeum.

195. Jan Konůpek *Śmierć w kwiatach*, 1910. Tusz, 10 × 10 cm. Brno, Moravská galerie.

3000,-